「通古察今」系列丛书

反帝反封建：新民主主义文化之发展方向

张皓 王纯 著

河南人民出版社

图书在版编目(CIP)数据

反帝反封建：新民主主义文化之发展方向 / 张皓，王纯著. —— 郑州：河南人民出版社，2019.12(2025.3 重印)
("通古察今"系列丛书)
ISBN 978-7-215-12114-0

Ⅰ. ①反… Ⅱ. ①张… ②王… Ⅲ. ①中国共产党 - 新民主主义 - 文化思想 - 研究 Ⅳ. ①G129

中国版本图书馆 CIP 数据核字(2019)第 273133 号

河南人民出版社出版发行

(地址:郑州市郑东新区祥盛街 27 号 邮政编码:450016 电话:0371-65788077)
新华书店经销　　环球东方(北京)印务有限公司印刷
开本　787mm×1092mm　　1/32　　印张　5.125
字数　73 千
2019 年 12 月第 1 版　　　　2025 年 3 月第 2 次印刷

定价：52.00 元

"通古察今"系列丛书编辑委员会

顾　问　刘家和　瞿林东　郑师渠　晁福林
主　任　杨共乐
副主任　李　帆
委　员（按姓氏拼音排序）
　　　　　安　然　陈　涛　董立河　杜水生　郭家宏
　　　　　侯树栋　黄国辉　姜海军　李　渊　刘林海
　　　　　罗新慧　毛瑞方　宁　欣　庞冠群　吴　琼
　　　　　张　皓　张建华　张　升　张　越　赵　贞
　　　　　郑　林　周文玖

序 言

在北京师范大学的百余年发展历程中,历史学科始终占有重要地位。经过几代人的不懈努力,今天的北京师范大学历史学院业已成为史学研究的重要基地,是国家首批博士学位一级学科授予权单位,拥有国家重点学科、博士后流动站、教育部人文社会科学重点研究基地等一系列学术平台,综合实力居全国高校历史学科前列。目前被列入国家一流大学一流学科建设行列,正在向世界一流学科迈进。在教学方面,历史学院的课程改革、教材编纂、教书育人,都取得了显著的成绩,曾荣获国家教学改革成果一等奖。在科学研究方面,同样取得了令人瞩目的成就,在出版了由白寿彝教授任总主编、被学术界誉为"20世纪中国史学的压轴之作"的多卷本《中国通史》后,一批底蕴深厚、质量高超的学术论著相继问世,如八卷本《中国文化发展史》、二十卷本"中国古代社会和政治研究丛书"、三卷本《清代理学史》、五卷本《历史文化认同与中国统一多民族国家》、二十三卷本《陈垣全集》,

以及《历史视野下的中华民族精神》《中西古代历史、史学与理论比较研究》《上博简〈诗论〉研究》等，这些著作皆声誉卓著，在学界产生较大影响，得到同行普遍好评。

除上述著作外，历史学院的教师们潜心学术，以探索精神攻关，又陆续取得了众多具有原创性的成果，在历史学各分支学科的研究上连创佳绩，始终处在学科前沿。为了集中展示历史学院的这些探索性成果，我们组织编写了这套"通古察今"系列丛书。丛书所收著作多以问题为导向，集中解决古今中外历史上值得关注的重要学术问题，篇幅虽小，然问题意识明显，学术视野尤为开阔。希冀它的出版，在促进北京师范大学历史学科更好发展的同时，为学术界乃至全社会贡献一批真正立得住的学术佳作。

当然，作为探索性的系列丛书，不成熟乃至疏漏之处在所难免，还望学界同人不吝赐教。

北京师范大学历史学院
北京师范大学史学理论与史学史研究中心
北京师范大学"通古察今"系列丛书编辑委员会
2019 年 1 月

目 录

前　言 \ 1

第一章　"人民大众的反帝反封建的文化" \ 3
——中国新文化发展的新阶段

一、内容:"人民大众的反帝反封建的文化" \ 5
二、形式:"中国作风和中国气派" \ 15
三、途径:"到大众中去" \ 22

第二章　延安文艺运动中的方向性问题和座谈会的召开 \ 34
——从毛泽东与萧军交往角度的分析

一、从亲自看望到挽留:毛泽东对萧军的赏识和期望 \ 36

二、"要是瞿秋白同志还在就好了"：毛泽东对萧军的失望 \ 49

三、"暴露黑暗"潮流的喷发与毛泽东决定召开文艺座谈会 \ 58

四、"文艺运动中的一些根本方向问题"：座谈会上毛泽东与萧军的争论 \ 68

五、结论：毛泽东所要制定的文艺政策和萧军要求的本质不同 \ 80

第三章 新民主主义文化的内在规律：毛泽东、萧军关于鲁迅的看法与争论 \ 83

一、共识：鲁迅的战斗精神、牺牲精神 \ 85

二、分歧：鲁迅开辟了什么道路 \ 94

三、加深：鲁迅的旗手地位与新文化的发展方向 \ 106

四、对立：文艺为工农兵服务与鲁迅是转变还是发展的问题 \ 121

结 语 \ 137

参考文献 \ 145

前　言

　　中国共产党极为重视文化的建设和发展方向。在抗日战争时期，毛泽东紧紧抓住"大众"的时代内涵，对中国新文化反帝反封建的根本属性、具有中国作风和中国气派的民族形式作了深刻的阐述，号召革命的知识分子到大众中去为建设人民大众的文化而奋斗。依据"人民大众的反帝反封建的文化"的发展方向，中国共产党对抗日根据地的文艺界知识分子进行教育。毛泽东指出，要特别注意帮助知识分子改正其小资产阶级、资产阶级的个人主义立场，推动文艺工作朝着为工农兵服务的方向发展。毛泽东反对萧军主张的文艺与政治分开的观点，强调要建设人民大众的反帝反封建的文化，文艺要为工农兵服务。到解放战争时期，中国共产党在"民族的、科学的、大众的新民主主义文化"基础上，进一步提出了"民族的、科学的、人民大众的新民主主义文化"，赋予了新民主主义文化新的时代内涵。

第一章 "人民大众的反帝反封建的文化"
——中国新文化发展的新阶段

从意识形态的角度来说,"人民大众的反帝反封建的文化",是一种在内容与形式上都与以往不同的中国新文化。毛泽东深入研究了五四新文化运动后中国文化的发展规律,紧紧抓住"大众"的时代内涵,对中国新文化反帝反封建的根本属性、具有中国作风和中国气派的民族形式作了深刻的阐述,号召革命的知识分子到大众中去为建设人民大众的文化而奋斗。这样,中国新文化的发展进入了前所未有的新阶段,民族斗争、阶级斗争和劳动生产成为文艺作品中压倒一切的主题,人民大众在作品中如在社会中一样取得

反帝反封建：新民主主义文化之发展方向

了真正主人公的地位。

自毛泽东发表《新民主主义论》以来，文中提出的新民主主义文化就一直受到学术界的关注，学者们从各个角度作了认真研究[1]。而对于毛泽东阐述的"人民大众的反帝反封建的文化"，尽管学者们多少有所涉及，但尚未作系统的研究。毛泽东以"大众"的时代内涵为核心，从内容到形式作了深刻的阐述，号召革命的知识分子"到大众中去"建设这个文化，从而把一套完整的"在内容与形式上都与以往不同"、反映"中国新文化发展的新阶段"[2]的文化体系展现在世界文化发展的历史舞台上。下面，我们就从内容、形式

---

[1] 比如，有学者认为新民主主义文化是"富有民族特色的中国现代文化的两大主导形态之一"（赵剑英：《从新民主主义文化到有中国特色社会主义文化——中国共产党对中华文化的继承和创新》，《哲学研究》2001 年第 10 期）。有学者对毛泽东关于新民主主义文化的思想作了梳理，认为这个文化的发展为民主革命的胜利创造了思想上的前提，为民主革命向社会主义革命的转变准备了一定的思想条件（沙健孙：《毛泽东论新民主主义文化》，《北京大学学报》2002 年第 5 期）。有学者论述了毛泽东《新民主主义论》中包含的文化观及其对中国主流文化与后来几代领导人文化思想的影响（辛文斌：《〈新民主主义论〉与中国文化现代化》，中央编译出版社，2007 年）。

[2] 新华社社论《五四运动二十八周年》，1947 年 5 月 5 日《人民日报》第 1 版。

和途径三方面来展开分析。

一、内容:"人民大众的反帝反封建的文化"

根据新民主主义政治和经济发展的情况,毛泽东提出了中华民族新文化就是"民族的科学的大众的文化",它"就是人民大众反帝反封建的文化"[1]。毛泽东所讲的大众具有特定的含义,专指由工人、农民、兵士和城市小资产阶级四部分组成的人民大众。这个"人民大众",基础是农民,主体是包括农民在内的工农劳苦民众,此外还包括了其他反帝反封建的革命阶层。根据"大众"的含义,可以对毛泽东所要建设的"人民大众的反帝反封建的文化"的内涵作如下分析。

首先,按照毛泽东所说,大众"实质上"[2]指农民大众,建设大众的文化"实质上"就是建设农民大众的文化。在中国,农民占总人口的80%,"农民的力

---

[1] 毛泽东:《新民主主义论》(1940年1月),《毛泽东选集》第2卷,人民出版社,1991年,第2版,第663、708—709页。
[2] 此处毛泽东所讲的"实质上"即基本上,同通常意义上所说的实质上是不同的。

量,是中国革命的主要力量"。毛泽东根据中国的具体情况,连用三个"实质上",强调"中国的革命实质上是农民革命,现在的抗日,实质上是农民的抗日","抗日战争,实质上就是农民战争"。与此相适应,建设人民大众的文化首先应该是建设农民大众的文化,毛泽东明确指出:"大众文化,实质上就是提高农民文化。"他形象地称到乡村去是"上山",宣布"现在是'上山主义'的时候,大家开会、办事、上课、出报、著书、演剧,都在山头上,实质上都是为的农民"[1]。这些论述说明,农民是中国革命的主力军,建设新民主主义文化首先建设的是农民大众的文化。

其次,"大众"的主体是包括农民在内的"全民族中百分之九十以上的工农劳苦民众",建设人民大众的文化,就是使文化为他们服务"并逐渐成为他们的文化"。虽然人民大众的文化"实质上都是为的农民",但是"并非忽视其它部分"。这里所讲的"其它部分",主要指工人。毛泽东指出:"农民之外,中国人口中第二个部分就是工人。"中国有产业工人数百万,手工业

---

[1] 毛泽东:《新民主主义论》(1940年1月),《毛泽东选集》第2卷,人民出版社,1991年,第2版,第692页。

第一章 "人民大众的反帝反封建的文化"

和农民工人数千万,他们占中国总人口10%左右。他强调:"没有各种工业工人,中国就不能生活,因为他们是工业经济的生产者。没有近代工业工人阶级,革命就不能胜利,因为他们是中国革命的领导者,他们最富于革命性。"[1] 因此,毛泽东号召建设为工农大众服务的新民主主义文化,"发扬民族革命战争的抗日文艺"![2]

再次,大众还包括工人、农民以外的其他革命阶级和阶层,建设人民大众的文化,就是建设属于各革命阶级并为他们服务的文化。按照毛泽东的论述,根据反帝反封建的政治立场,人民大众的组成部分在民主革命各个时期是不同的。在国民革命时期,无产阶级、农民阶级、城市小资产阶级和资产阶级这四个阶级结成了人民大众的反帝反封建的革命统一战线。但1927年以大资产阶级为首的资产阶级一脚踢开了无产阶级、农民和其他小资产阶级"这些人民大众","革命营垒原来四个阶级,现在'剩下了三个'"。人民大

---

[1] 毛泽东:《新民主主义论》(1940年1月),《毛泽东选集》第2卷,人民出版社,1991年,第2版,第708、691—692页。

[2] 胡乔木:《胡乔木回忆毛泽东》,人民出版社,1994年,第252页。

反帝反封建：新民主主义文化之发展方向

众不包括资产阶级在内。抗战全面爆发后，"又来了一次四个阶级的统一战线，但是范围更放大了，上层阶级包括了很多统治者，中层阶级包括了民族资产阶级和小资产阶级，下层阶级包括了一切无产者，全国各阶层都成了盟员，坚决地反抗了日本帝国主义"[1]。随着1938年12月汪精卫集团的叛国投日和1941年1月皖南事变的爆发而导致阶级关系的新变化，大资产阶级一部分"投降了敌人"，剩下部分变成顽固派。虽然毛泽东曾指出"《新民主主义论》中，只说工农小资产阶级与民族资产阶级联合的政权，只说要联合中产阶级，没有说要联合大资产阶级；在谈经济政策时，说不要大地主大资产阶级。这是不对的"[2]，但这是针对政权性质和经济政策而讲的，在人民大众的文化建设上显然是不同的。他解释说："什么是人民大众呢？最广大的人民，占全人口百分之九十以上的人民，是工人、农民、兵士和城市小资产阶级。""这四

---

[1] 毛泽东:《新民主主义论》(1940年1月),《毛泽东选集》第2卷，人民出版社，1991年，第2版，第681、702、703页。
[2] 中共中央文献研究室编:《毛泽东年谱（一八九三——一九四九）》中卷，中央文献出版社，2002年，第330页。

第一章 "人民大众的反帝反封建的文化"

种人,就是中华民族的最大部分,就是最广大的人民大众。"即是说,人民大众此时由四种人组成。与此相适应,毛泽东强调新民主主义文化"第一是为工人的,这是领导革命的阶级。第二是为农民的,他们是革命中最广大最坚决的同盟军。第三是为武装起来了的工人农民即八路军、新四军和其它人民武装队伍的,这是革命战争的主力。第四是为城市小资产阶级劳动群众和知识分子的"[1]。这表明当时所要建设的人民大众的文化,其一"不是一阶级所独有的,而是全民族各阶级共同"拥有的新民主主义文化[2];其二并不包括尚在共同反对日本帝国主义侵略阵营内的大资产阶级的文化。

由上可见,"大众"这个概念,从农民是抗日的主力军角度来说,其基础是"农民大众",建设人民大众的文化首先是建设农民大众的文化;从抗战的领导阶级和工农联盟的角度来说,主体是"工农大众",建设

---

[1] 毛泽东:《在延安文艺座谈会上的讲话》(1942年5月),《毛泽东选集》第3卷,人民出版社,1991年,第2版,第855—856页。
[2] 邓拓:《三民主义的现实主义与文艺创作诸问题》(1939年4月),刘增杰等编《抗日战争时期延安及各抗日民主根据地文学运动资料》(中),山西人民出版社,1983年,第8—9页。

反帝反封建:新民主主义文化之发展方向

人民大众的文化是建设工农大众的文化;从抗日民族统一战线的角度来说,还包括工农大众以外的革命阶级和阶层,建设人民大众的文化,就是建设为各革命阶级和阶层服务的文化。这样,毛泽东从不同角度对"人民大众的反帝反封建的文化"的内涵作了阐述,号召到人民大众中"作普遍地启蒙运动以提高他们的斗争热情,增强他们的民族自信,使他们同德同心,更坚强的和敌人去战斗"[1]。这是抗战结束前的基本情况。

解放战争时期,虽然中国新民主主义革命的总任务没有改变,"但国共合作再次破裂,国内的阶级关系出现重大变化"[2]。此时,革命的性质"是无产阶级领导的、人民大众的、反对帝国主义、反对封建主义和反对官僚资本主义的革命",革命目的是"建立一个以劳动者为主体的、人民大众联合专政的新民主主义共和国,不是建立无产阶级专政社会主义共和国,不是

---

[1] 社论《文化建设的先决问题》,1943年11月11日《新华日报》第1版。

[2] 胡乔木:《胡乔木回忆毛泽东》,人民出版社,1994年,第541页。

第一章 "人民大众的反帝反封建的文化"

一般地推翻资本主义"[1]。在这种情况下,"人民大众"的含义有所变化。毛泽东解释说:"所谓人民大众,是包括工人阶级、农民阶级、城市小资产阶级、被帝国主义和国民党反动政权及其所代表的官僚资产阶级(大资产阶级)和地主阶级所压迫和损害的民族资产阶级,而以工人、农民(兵士主要是穿军服的农民)和其他劳动人民为主体。"[2]这个定义之"新",就在于强调"人民大众"包括"一切被帝国主义、官僚资本主义、封建主义所压迫、损害或限制的人们"。毛泽东除了强调"一切体力劳动者(如工人、农民、手工业者等)以及和体力劳动者相近的、不剥削人而又受人剥削的脑力劳动者"是人民大众的主体外,还指出了"一切受迫害、受限制的知识分子"、"一切受迫害、受限制的自由资产阶级,即中小资产阶级"和其他爱国人士即"主要地是指的开明绅士"这三部分,虽然"不是人

---

[1] 《中共中央关于自由资产阶级问题和开明绅士问题的指示》(1948年3月),中共中央政策研究室《政策汇编》,中共中央华北局1949年6月印,第21—22页。

[2] 毛泽东:《关于目前党的政策中的几个重要问题》(1948年1月18日),《毛泽东选集》第4卷,人民出版社,1991年,第2版,第1272页。

反帝反封建：新民主主义文化之发展方向

民大众的主体，也不是决定革命性质的人们"，但"也是人民大众中的一分子"[1]。

在此情况下，毛泽东对中国新文化的建设作了重新思考。他在解放战争时期来临前所作《论联合政府》的报告中提出了"中国应当建立自己的民族的、科学的、人民大众的新文化和新教育"[2]。换句话说，如何建设一种与新形势相适应的文化又成为摆在面前的问题。如果说"人民大众的反帝反封建的文化"在抗战时期的建设重点是反对外来侵略，争取民族独立，那么在解放战争时期则是为争取"独立、和平、民主、统一"的新中国而斗争！《大众文艺丛刊》所载《对当前文艺运动的意见——检讨、批判，和今后的方向》一文作了如下表述："以无产阶级思想为领导的，以土地革命作为它主要内容的，服务于工农兵，而目前以农民为重要对象，但是也照顾到城市小资产阶级，并且包括革命小资产阶级文艺在内的，这就是今天新民

---

[1] 《中共中央关于自由资产阶级问题和开明绅士问题的指示》（1948年3月），中共中央政策研究室编《政策汇编》，中共中央华北局1949年6月印，第21、23、24页。

[2] 毛泽东：《论联合政府》（1945年4月24日），《毛泽东选集》第3卷，人民出版社，1991年，第2版，第1083页。

主主义文艺的性质及其内容。"[1] 可见,由于"客观事实发生了很大的变动",文艺不但要写工农兵,"也应当写市民,并且是写给市民看和听"[2]。

由上可见,"人民大众的反帝反封建的文化"这个具有时代特色的中国新文化,在服务对象的问题上根据"大众"的含义而定,在建设内容上因中国社会主要矛盾和革命任务的变化而着重点不同。

进一步言之,这个结论是马克思主义中国化的重要成果:其一,它是毛泽东运用马列主义关于意识和存在之间关系的理论和能动的反映论的基本观点,从思想意识的角度考察中国文化的动向后所得出的结论。他指出:一定的作为观念形态的文化,"是一定社会的政治和经济的反映,又给予伟大影响和作用于一定社会的政治和经济;而经济是基础,政治则是经济的集中表现。这是我们对于文化和政治、经济的关系

---

[1] 邵荃麟:《对当前文艺运动的意见——检讨、批判,和今后的方向》,《大众文艺丛刊》1948年第1辑。

[2] 茅盾:《关于目前文艺写作的几个问题》,北平1949年5月《进步青年》创刊号。

反帝反封建：新民主主义文化之发展方向

及政治和经济的关系的基本观点"[1]。有了新民主主义的政治经济，才会有"人民大众的反帝反封建的文化"。其二，它是毛泽东运用马列主义关于民主主义的原理考察中国文化的发展方向后得出的结论。列宁曾指出，每一时代的民族文化中都有民主主义的成分，哪怕这种成分是不发展的。因为每一时代、每一民族只要有劳动群众与被剥削群众存在，他们的生活条件必然产生民主主义的萌芽思想。显然，列宁所讲的"民主主义"不是资产阶级的民主主义，而是社会主义。根据这一理论，毛泽东认为"民主主义有三种，英、美、法是老民主主义，即资产阶级的民主主义；我们是新民主主义；苏联是新新民主主义，即无产阶级的民主主义"。他特别指出"新民主主义是暂时的，过渡的，是一个楼梯，将来还要上楼，和苏联一样"[2]。这就指出了"人民大众的反帝反封建的文化"的发展方向——必然是上一层楼而发展成为社会主义文化。

---

[1] 毛泽东：《新民主主义论》（1940年1月），《毛泽东选集》第2卷，人民出版社，1991年，第2版，第663—664页。
[2] 中共中央文献研究室编：《毛泽东年谱（一八九三——一九四九）》中卷，中央文献出版社，2002年，第173页。

二、形式:"中国作风和中国气派"

任何一种文化,要想被人们接受,必须以人们熟悉、易于理解、喜闻乐见的形式表现出来。新民主主义文化作为"在一定的立场,一定的革命阶段提出的"[1]中国新文化,同样要遵循这个原则。即是说,"没有'新鲜活泼的、为中国老百姓喜闻乐见的中国作风和中国气派'的民族形式的创造,便不会充分表达出真正的民族的大众的新文化"[2],中华民族新文化的建设就将变成一句空洞的口号。因此,毛泽东强调指出:"中国文化应有自己的形式,这就是民族形式。民族的形式,新民主主义的内容——这就是我们今天的新文化。"[3]

于此可见,毛泽东明确提出了"人民大众的反帝反封建的文化"要有自己的民族形式。这种文化上的民族形式如何创造,是亟待解决的问题。由于文艺"正

---

[1] "关于民族形式问题座谈会"发言记录,1940年7月4日《新华日报》。
[2] 社论《纪念五四整顿我们的文风——论文化与大众的结合》,1942年5月4日《新华日报》(华北版)。
[3] 毛泽东:《新民主主义论》(1940年1月),《毛泽东选集》第2卷,人民出版社,1991年,第2版,第707页。

反帝反封建：新民主主义文化之发展方向

是激励人民发动大众最大的力量"[1]而成为"整个革命战线不可缺少的一个方面"，新民主主义文化的民族形式问题在一定程度上就是文艺的新形式问题。因此，毛泽东尽管非常繁忙，但也"分出一部分精力来抓文艺工作"[2]。在他的倡导和参与下，文艺界展开了一场关于如何"创造出一种足以表现中国作风和中国气派的、为大众所喜闻乐见的、新鲜活泼的文艺形式"的讨论。他提出的民族形式建设问题，得到了文艺界的确认和接受。大体而言，有以下数端：

其一，文艺旧形式是中国固有文化遗产之一。虽然文艺旧形式并不等于民族形式，但却是民族形式的创造，必须利用文艺旧形式。

1939年12月13日，中共中央专门为讨论文化建设问题而召开了一次政治局会议。毛泽东在会上强调中国新文化要响应民族化、民主化、科学化、大众化这"四大口号"，指出其中的民族化就包括利用旧形式

---

[1] 《中华全国文艺界抗敌协会发起旨趣》，1938年3月27日《新华日报》。

[2] 胡乔木：《胡乔木回忆毛泽东》，人民出版社，1994年，第251页。

第一章 "人民大众的反帝反封建的文化"

的问题[1]。1942年5月23日,他在延安文艺座谈会上又一次强调要利用"过去时代的文艺形式"[2]。

文艺界认识到,毛泽东提出的民族形式课题下的文艺旧形式,指的是"数千年来一条主线发展下来的民族文艺传统的全部成果;特别是一直和大众的呼吸合拍的……至今还在大众中间生长着发展着的,较为新鲜活泼,而且复杂多样的,民间形式的文艺作品"[3],诸如旧剧、评书、山歌和各类地方戏等。旧形式作品之"用语,句法,表现思想的形式,乃至其它的构成形象之音调,色彩等等"及"作品中的生活习惯,乡土色调,人物的声音笑貌动止等"[4],因根植于大众的生活中而为他们所熟悉,"代表(了)中国形式"[5]。因

---

[1] 中共中央文献研究室编:《毛泽东年谱(一八九三——一九四九)》中卷,中央文献出版社,2002年,第149页。

[2] 毛泽东:《在延安文艺座谈会上的讲话》1942年5月),《毛泽东选集》第3卷,人民出版社,1991年,第2版,第855页。

[3] 光未然:《文艺的民族形式问题》,重庆《文学月报》1940年5月15日第1卷第5期。

[4] 茅盾:《抗战期间中国文艺运动的发展》,《中苏文化》1941年4月20日第8卷第3、4合期。

[5] 《关向应同志的讲话》(1940年3月26日),中国人民解放军文艺史料编辑部编《中国人民解放军文艺史料选编》(抗日战争时期)第1册,解放军出版社,1988年,第228页。

此，虽然新文艺运动五四时期就诞生了，但"旧形式只被新文学作者所否定，还没有被新文学所否定，更没有被大众所否定"。要创造新形式，"就不能把利用旧形式这一课题一脚踢开完全不理"[1]。

其二，用中国人民大众自己的语言来描写他们生活的文艺，就是具有中国气派和中国作风的文艺。

要建设人民大众的文化，语言表达就必须生动活泼，通俗易懂。因此，毛泽东多次强调了语言问题。他指出"文字必须在一定条件下加以改革，言语必须接近民众"[2]，认为"人民的语汇是很丰富的，生动活泼的，表现实际生活的"，因而要求文化人"要向人民群众学习语言"[3]。

文艺界也认识到，既然新民主主义文化是人民大众的反帝反封建的文化，"主题是大众的，题材是大众的"，当然"要用工农大众自己的语言来描写工农大

---

[1] 茅盾：《大众化与利用旧形式》，《茅盾全集》第21卷，人民文学出版社，1991年，第409—410页。
[2] 毛泽东：《新民主主义论》(1940年1月)，《毛泽东选集》第2卷，人民出版社，1991年，第2版，第708页。
[3] 毛泽东：《反对党八股》(1942年2月8日)，《毛泽东选集》第3卷，人民出版社，1991年，第2版，第837页。

第一章 "人民大众的反帝反封建的文化"

众自己为独立、自由、幸福而斗争的战斗生活,并为工农大众所接受"[1]。

虽然上面所说的新民主主义文化的民族形式是从文艺旧形式发展而来,但它与旧形式有着本质的区别,"这些旧形式到了我们手里,给了改造,加进了新内容,也就变成革命的为人民服务的东西"[2]。文艺界还认识到民族形式并不是旧形式的简单复活,而是"根据中国现存的社会经济基础,从大众的现实生活和民族的革命斗争的实践中,接受民族的优秀遗产,也接受适合于今日我们民族的国际的优秀遗产,完全加以消化后,而创造出来的"[3]。

上列共识表明,历史形成的文艺旧形式虽然一度遭到否定,但实践证明如果离开它们,建设"人民大众的反帝反封建的文化"就是不可能的,因此,"我们必须尊重自己的历史,决不能割断历史"[4]。民族形式

---

[1] 潘梓年:《民族形式与大众化》,1940年7月22日《新华日报》。
[2] 毛泽东:《在延安文艺座谈会上的讲话》(1942年5月),《毛泽东选集》第3卷,人民出版社,1991年,第2版,第855页。
[3] 黄磷:《谈中国作风与中国气派》,1943年6月5日《新华日报》。
[4] 毛泽东:《新民主主义论》(1940年1月),《毛泽东选集》第2卷,人民出版社,1991年,第2版,第708页。

反帝反封建：新民主主义文化之发展方向

的创造，"是对于中国固有文化遗产，西方近代文化成果的融合扬弃与发展"[1]。这反映了一个极其重要的问题，那就是毛泽东认识到了建立民族形式必不可少的两大前提。

其一，转向民族传统和正确对待民族文化遗产。这是克服"左"倾错误路线后的必然结果，是马克思主义中国化的深刻体现。"左"倾路线教条主义地宣称要把"旧世界打他个落花流水"[2]。毛泽东则指出："我们信奉马克思主义是正确的思想方法，这并不意味着我们忽视中国文化遗产和非马克思主义的外国思想价值。"[3] 中国新文化是从旧文化发展而来的，古代文化中含有"优秀的人民文化即多少带有民主性和革命性的东西"。吸收这一精华，"是发展民族新文化提高民族自信心的必要条件"[4]。

---

[1] 万里之：《"民族化"新文化的创造》，1943年10月30日《新华日报》。

[2] 苏区公共建筑上一副对联的上联。转引自王桧林：《关于抗日战争史及抗日战争史研究的几个问题》，《史学理论与史学史学刊》2004—2005年卷，社会科学文献出版社，2005年，第3页。

[3] 毛泽东：《同英国记者斯坦因的谈话》（1944年7月14日），《毛泽东文集》第3卷，人民出版社，1993年，第191页。

[4] 毛泽东：《新民主主义论》（1940年1月），《毛泽东选集》第2卷，人民出版社，1991年，第2版，第707—708页。

第一章 "人民大众的反帝反封建的文化"

其二,融入世界与吸收世界先进文化。转向民族传统,并不意味排外,即是说,民族形式不是从狭隘的民族主义立场上提出,而是从立足于世界的角度提出。这是因为:列宁强调"只有确切地了解人类全部发展过程所创造的文化,只有对这种文化加以改造,才能建设无产阶级的文化"[1]。由于"中国已紧密地与世界联成一体"[2],中国文化也不能离开世界文化而孤立发展,中国新文化必然同世界先进文化"建立互相吸收和互相发展的关系,共同形成世界的新文化"。因此,中国"应该大量吸收外国的进步文化,作为自己文化食粮的原料"[3]。

综上所述,毛泽东所阐述的中国新文化的民族形式,是这样一种具有中国作风和中国气派的民族形式:在表达方式上,吸收了文艺旧形式而具有传统性,同时又采纳了通俗易懂的大众语言而具有大众性。具有

---

[1] 列宁:《青年团的任务》(1920年10月2日),《列宁选集》第4卷,人民出版社,1972年,第2版,第348页。

[2] 毛泽东:《论新阶段》(1938年10月),中央档案馆编《中共中央文件选集》第11册,中共中央党校出版社,1991年,第635页。

[3] 毛泽东:《新民主主义论》(1940年1月),《毛泽东选集》第2卷,人民出版社,1991年,第2版,第706页。

反帝反封建：新民主主义文化之发展方向

这种民族形式的中国新文化，在思想内容上以反帝反封建为中心而具有鲜明的时代性、革命性和民主性，同时又吸收传统文化之精华而具有传统性，吸收外国进步文化而具有世界性。这种文化"拿到大众面前去，是大众自己的，而又不是他自己原来的东西；拿到国际上去，是中国民族的，但又是国际的"[1]。

三、途径："到大众中去"

在明确了人民大众文化的革命内容和民族形式后，剩下的问题是如何建设这种文化。毛泽东在《新民主主义论》的演讲中明确提出：既然建设新民主主义文化"这种文化运动和实践运动，都是群众的。因此，一切进步的文化工作者，在抗日战争中，应有自己的文化军队，这个军队就是人民大众。革命的文化人而不接近民众，就是'无兵司令'，他的火力就打不倒敌

---

[1] 光未然：《文艺的民族形式问题》，重庆《文学月报》1940年5月15日第1卷第5期。

人"[1]。因而,他号召知识分子到大众中去开展文化的"大众化"运动。

毛泽发出号召后,陕甘宁边区文化协会立即召开第一次代表大会,提出"为建立民族的、民主的、科学的、大众的中华民族新文化而斗争"[2]。各边区的文艺运动随即蓬蓬勃勃地开展起来,并"获得了不少显著的成绩与进步"。比如在晋察冀边区,"文、音、美、剧各协会都已组织并一天天健全起来了";"《晋察冀艺术》、《文艺报》、《五十年代》等文化艺术刊物,都陆续和边区广大读者见面了"[3];等等。文艺理论家何洛指出:在《新民主主义论》和张闻天的《抗战以来中华民族的新文化运动与今后任务》两文发表之前,文艺界对自己的前进航线不十分清楚;只有在两文发表

---

[1] 毛泽东:《新民主主义论》(1940年1月),《毛泽东选集》第2卷,人民出版社,1991年,第2版,第708页。

[2] 《新中华报》1940年1月17日社论《边区文协代表大会的成就》,刘增杰等编《抗日战争时期延安及各抗日民主根据地文学运动资料》(上),山西人民出版社,1983年,第63页。

[3] 沙可夫:《目前边区文艺工作者努力的方向》,1941年4月29日《晋察冀日报》。

后,"我们才更明确地看清了自己底航线"[1]。

但在最初的实践中,毛泽东所期望的大众化运动的效果并未达到,原因是:其一,对大众化的理解有偏差。有人"把'大众化'简单地看做就是创造大众能读懂的作品,以为只是一个语言文字的形式问题,而不知道同时甚至更重要、更根本地是思想情绪的内容的问题"。有人认为大众化是"化大众",把"无产阶级意识""用大众容易接受的形式灌输给大众","改造大众的意识"[2]。其二,"就当时涌进延安的大多数文艺工作者来说,他们尚没有真正完成从小资产阶级到无产阶级的转化"[3]:首先,他们虽然生活在人民群众中,却"不看重中国式的群众的英雄"[4];其次,鼓吹个性自

---

[1] 何洛:《四年来华北抗日根据地底文艺运动概观》(1941年7月),刘增杰等编《抗日战争时期延安及各抗日民主根据地文学运动资料》(中),山西人民出版社,1983年,第110页。

[2] 周扬:《马克思主义与文艺》(1944年4月8日),刘增杰等编《抗日战争时期延安及各抗日民主根据地文学运动资料》(上),山西人民出版社,1983年,第300页。

[3] 胡乔木:《胡乔木回忆毛泽东》,人民出版社,1994年,第254页。

[4] 遇明:《从情调谈起》(1943年11月),刘增杰等编《抗日战争时期延安及各抗日民主根据地文学运动资料》(下),山西人民出版社,1983年,第97页。

由,"不和斗争着的工农,协同一致,努力去争取民族的,阶级的自由,却向自己的人来闹个人的自由";再次,"提倡自由文艺,标榜为艺术而艺术"[1],认为马列主义妨碍文艺写作。这样,即使描写工农兵群众,也是"衣服是劳动人民,面孔却是小资产阶级知识分子"[2]。其三,"由于脱离现实,内容便不免于抽象",1941年就"发生了作品的恐慌"[3]。可见,新民主主义文化在建设过程中还存在着许多问题。《新民主主义论》和《抗战以来中华民族的新文化运动与今后任务》的发表,虽然标志着延安已"成为全国文化中心",但是"新民主主义革命的文化运动还没有完成其任务及得到完全巩固的地位,因为它有一个缺点,就是还没有深入到旧文化占主要地位的乡村,还没有深入到工

---

[1] 立波:《思想,生活和形式》(1942年6月12日),刘增杰等编《抗日战争时期延安及各抗日民主根据地文学运动资料》(上),山西人民出版社,1983年,第157页。
[2] 胡乔木:《胡乔木回忆毛泽东》,人民出版社,1994年,第255页。
[3] 《成仿吾同志在北岳区党的文艺工作者会议上的发言》,1943年5月21日《晋察冀日报》。

反帝反封建：新民主主义文化之发展方向

农劳苦大众中去"[1]。当时的文艺作品"虽然也表现了反封建的主题，抗日的主题，但是反映生活的方面还只是以知识分子和市民阶层的居多，直接表现工农兵的少"[2]。

针对这种情况，毛泽东1942年5月发表了《在延安文艺座谈会上的讲话》，根据马列主义有关理论对"大众化"作了深刻阐述。列宁在《党的组织与党的文学》一文中提出了文艺大众化的主张，强调"艺术是人民的东西，这应该将自己的深根伸进广大的劳动大众的下层里去"，因此无产阶级政党须"在大众之中使艺术家觉醒，使他们发达起来"，艺术家"应该与大众的感情思想和意志相结合"[3]。毛泽东继承和发展了这一思想，指出：其一，建设人民大众的文化军队极其

---

[1] 周恩来：《抗战中的文化工作和文化运动》（1940年8月9日），中央文献研究室编《周恩来文化文选》，中央文献出版社，1998年，第19、18页。

[2] 洁泯：《重新学习——学习毛泽东文艺思想的笔记》，中国社会科学院文学研究所文艺理论室编《毛泽东文艺思想讨论会文集》，人民文学出版社，1985年，第132页。

[3] 转引自胡锡奎：《加强文艺工作整风运动，为克服艺术至上主义的倾向而斗争》（1939年4月），刘增杰等编《抗日战争时期延安及各抗日民主根据地文学运动资料》（中），山西人民出版社，1983年，第145页。

重要。他认为在《新民主主义论》中所提出的这一问题并未引起足够的重视,因而《在延安文艺座谈会上的讲话》开篇后即特别强调只有手里拿枪的军队"是不够的,我们还要有文化的军队,这是团结自己、战胜敌人必不可少的一支军队",因此必须到大众中去。其二,大众化的实质并不是"化大众",也不只是简单地到大众中去,而是"文艺工作者的思想感情和工农兵大众的思想感情打成一片"。知识分子"要使自己的作品为群众所欢迎",就得来一番改造,从一个阶级变到另一个阶级。其三,实现大众化的根本是树立无产阶级的人民大众的立场。为此,一方面要认真学习马列主义,清除"那些封建的、资产阶级的、小资产阶级的、自由主义的、个人主义的、虚无主义的、为艺术而艺术的、贵族式的、颓废的、悲观的以及其他种种非人民大众非无产阶级的创作情绪";一方面"应当认真学习群众的语言",并"必须长期地无条件地全心全意地到工农兵群众中去,到火热的斗争去,到唯一的最广大最丰富的源泉中去,观察、体验、研究、分析一切人,一切阶级,一切群众,一切生动的生活形式和斗争形式,一切文学和艺术的原始材料,然后

反帝反封建：新民主主义文化之发展方向

才有可能进入创作过程"[1]。

可见，毛泽东所阐述的大众化思想，是一种具有时代性与民族特色的现实主义——新民主主义现实主义。这是他把马列主义文艺理论运用于建设中国新文化所得的成果。具有民族形式的中国新文化建设之目的，就是用这种现实主义反映人民大众反帝反封建、建立新民主主义共和国的奋斗历程。他号召知识分子"和工农打成一片"，"以工农的思想为思想，以工农的习惯为习惯"。显然，他希望通过大众化对知识分子进行一场无产阶级的思想改造，解决他们"和我们党""与工人农民""与军队"的"结合"问题[2]。如果说《新民主主义论》提出了"文化文艺应该为谁服务问题"，《在延安文艺座谈会上的讲话》则"是求得这一问题具体的解决"[3]。此文把文艺家们"的思想引入一个

---

[1] 毛泽东：《在延安文艺座谈会上的讲话》(1942年5月)，《毛泽东选集》第3卷，人民出版社，1991年，第2版，第847、851、874、851、861页。

[2] 胡乔木：《胡乔木回忆毛泽东》，人民出版社，1994年，第261页。

[3] 李守章：《中国新文化运动的三阶段》(1945年5月10日)，刘增杰等编《抗日战争时期延安及各抗日民主根据地文学运动资料》(下)，山西人民出版社，1983年，第233、234页。

新的境界"[1]，这表现在以下方面：

其一，对新民主主义现实主义有了全新认识：（1）阶级性。周扬认为，新民主主义现实主义是一种不同于资产阶级现实主义的现实主义，因为它具有以唯物史观为指导和"以大众，即工农兵为主要的对象"[2]两大特点。（2）政治性。何其芳指出："我们主张的政治是为人民大众求解放的政治，因而我们对于文艺作品所要求的政治性就不是一般的，而是一种特定的，有利于或有助于人民大众解放事业的政治性。"[3]（3）大众性。茅盾认为，新民主主义现实主义反对诸如独断与武断、偏见与成见等弊端而继承了新文化运动以来的科学精神，它"面向民众，做民众的先生，同时又做民众的学生，认识民众的力量，表现民众的要求"而继承了"现实主义文艺的民主精神"[4]。

---

[1] 胡乔木：《胡乔木回忆毛泽东》，人民出版社，1994年，第263页。

[2] 周扬：《艺术教育的改造问题》（1942年9月2日），刘增杰等编《抗日战争时期延安及各抗日民主根据地文学运动资料》（上），山西人民出版社，1983年，第217页。

[3] 何其芳：《关于现实主义》，1946年2月13日《新华日报》。

[4] 茅盾：《五十年代是"人民的世纪"》，《新世纪》（广州）1946年1月25日第1卷第1期。

反帝反封建：新民主主义文化之发展方向

其二，对文艺的新方向即工农兵方向有了全新认识。刘白羽认为，文艺要正确反映时代英雄人民大众，每个文艺工作者都要看到"人民的力量及将来新民主义的方向"[1]。因此，延安"鲁艺"文艺工作团强调，"今天的文艺工作应该是适合抗战新阶段推动文艺走向大众，使它在大众间生长起来，为大众所爱好、接受，而且同样作为一个有力的斗争武器，为大众所把握的活动"[2]。

其三，对大众化的性质有了全新认识。茅盾指出，大众化不但是"用大众的语言，站在大众的立场"，"表现大众"[3]，也是克服非无产阶级思想、树立为大众服务思想的必要途径。陈沂认为，文艺工作者想要真正深入到工农兵群众中去，就须从三个方面来努力：在思想上，要认识大众化"是小资产阶级的思想自私自利虚荣自大和群众思想的斗争问题"，"是纠正文艺活

---

[1] 刘白羽：《新的艺术，新的群众》，《群众》（重庆版）1944年9月30日第9卷第18期。

[2] 延安"鲁艺"文艺工作团：《关于敌后文艺工作的意见》，中国人民解放军文艺史料编辑部编《中国人民解放军文艺史料选编》（抗日战争时期）第1册，解放军出版社，1988年，第25页。

[3] 茅盾：《反帝，反封建，大众化——为"五四"文艺节作》（1948年5月），1948年5月4日香港《时代日报》。

动理论与实际脱节的问题","是纠正理想与现实离开的问题";在政治上,要看到"只有抗战和革命的胜利,才能有文艺工作和个人的前途",要认识到"只有目前的积极对敌斗争和将来民主的自由平等新民主主义社会的实现,才有我们文艺活动的余地,任何个人主义英雄主义都是注定要失败的";在行动上,要"克服单纯为自己成名成家,急于求功求成的态度",要"确定牺牲自我,一切为群众的决心",要"降低自己去服从群众,而不是强迫群众来服从我们"[1]。

由此可见,毛泽东所提出的大众化思想为文艺界广泛接受了,他通过大众化把知识分子"引到了与工农群众结合的道路"[2]上。

大众化对民族形式的建设和知识分子的思想改造起了巨大作用。如前指出,人民大众的文化实质上是农民大众的文化。与此相适应,大众化实质上是农民化,知识分子只有到农民大众中去"才是道地十足的

---

[1] 陈沂:《怎样实现文艺政策》(1943年10月),刘增杰等编《抗日战争时期延安及各抗日民主根据地文学运动资料》(下),山西人民出版社,1983年,第93—94页。

[2] 周扬:《坚决贯彻毛泽东文艺路线——在中央文学研究所的讲话》,《文艺报》1951年第4卷第5期。

反帝反封建:新民主主义文化之发展方向

大众化"[1]。大致从1942年9月起,解放区掀起了到农民大众中去的热潮,产生了一大批具有时代特色的优秀作品,如:1943年2月上演的《兄妹开荒》,代表了"大规模的、为陕北人民喜闻乐见的'秧歌运动'"[2];李季的《王贵与李香香》,采用陕北民歌"信天游"形式歌颂农民翻身闹革命的故事,是新诗歌创作在民族化道路上的新成就;歌剧《白毛女》,是"戏剧方面的新的民族形式的尝试,把五四以来的那种知识分子孤芳自赏的作风完全洗刷干净了"[3];丁玲的小说《太阳照在桑干河上》,歌颂了解放区伟大的土地改革。毛泽东对其中一些作品作了称赞,认为《兄妹开荒》"已像个为工农兵服务的样子",称赞"丁玲下乡,到农民里面生活,写出小说来了!"[4]这一切说明,虽然作品的成功与题材、写作等方面密切相关,但是"最基本的还是他们对农村生活的熟悉,真实地体验了农民的情感"[5]。可

---

[1] 陆定一:《文化下乡》,1943年2月10日《解放日报》第1版。
[2] 胡乔木:《胡乔木回忆毛泽东》,人民出版社,1994年,第264、265页。
[3] 郭沫若:歌剧《白毛女》序,《文萃》周刊1947年2月第2卷第21期。
[4] 胡乔木:《胡乔木回忆毛泽东》,人民出版社,1994年,第265、56页。
[5] 羽嘉:《成功在什么地方——评〈李有才板话〉的演出》,1947年5月4日《人民日报》第4版。

见,"到大众中去",使"解放区的文艺的面貌和解放区的文艺工作者的面貌已经有了根本的改变","解放区的文艺已经成为真正新的人民的文艺"[1]。

总而言之,毛泽东抓住"大众"这个概念,着力建设新民主主义文化。新民主主义文化是"人民大众的反帝反封建的文化",其内涵是反帝反封建的;它是一种具有中国作风和中国气派的文化;它建设的有效途径是大众化。经过这一努力,如果说"五四以后的新文化运动还在内容上与形式上局限于以革命的知识分子为对象,还有很浓厚的'洋八股''学生腔',与人民大众特别是显占全国人口百分之八十的农民群众还保持着距离,那末一九四三年文艺座谈会于整风运动以来的新文化就在内容和形式上都是为工农兵服务的,是工农兵自己的了"[2]。这样,一套完整的既有理论阐述又有实践建设的中国新文化发展体系,就展现在世界文化发展的舞台上。

---

[1] 《周扬同志在文代大会报告解放区文艺运动》,1949年7月6日《人民日报》第2版。
[2] 新华社社论《五四运动二十八周年》,1947年5月5日《人民日报》第1版。

第二章 延安文艺运动中的方向性问题和座谈会的召开

——从毛泽东与萧军交往角度的分析

一般说来,在特定历史时期和背景下召开的延安文艺座谈会很有针对性。中共中央指出:"小资产阶级出身并在地主资产阶级教养下成长的文艺工作者,在其走向与人民群众结合的过程中,发生各种程度的脱离群众并妨害群众斗争的偏向是有历史必然性的,这些偏向,不经过深刻的检讨反省与长期的实际斗争,不可能彻底克复,也是有历史必然性的。"这一问题具有普遍原则性,"而非仅适用于某一特殊地区或若干特殊个人的问题"。[1]

---

[1] 《关于执行党的文艺政策的决定》(1943年11月7日),刘增杰等编《抗日战争时期延安及各抗日民主根据地文学运动资料》(上),山西人民出版社,1983年,第274—275页。

第二章 延安文艺运动中的方向性问题和座谈会的召开

特殊地区显然指延安,若干特殊人物包括著名作家萧军,该文件可以说对延安时期的萧军做出了定论。但是,学术界和时人对萧军与毛泽东交往的研究和叙述存在着问题,认为萧军促成了延安文艺座谈会的召开,[1]甚至认为"著名的延安文艺座谈会,就是毛、萧交往所引发、导致的最大历史性成果"[2]。我们对此重新加以探讨,力图解决几个问题:第一,是否只是萧军促成了延安文艺座谈会的召开?第二,萧军所说的"文艺政策"和毛泽东所要规定的是否同一?第三,《在延安文艺座谈会上的讲话》有何针对性?

延安时期毛泽东与萧军的交往,反映了抗日根据地文艺运动朝何方向发展的问题,而这恰恰是新民主主义文化发展方向在文艺上的具体体现。总的来说,毛泽东、萧军两人各自所主张的文艺政策是根本不同的。萧军追求"为艺术而艺术",希望改变毛泽东、改

---

[1] 如王德芬的《我和萧军风雨50年》(中国工人出版社2004年版)、刘忠的《精神界的流浪汉——延安时期的萧军》(《中国现代文学研究丛刊》2007年第6期)、刘国强的《萧军对"延安文艺座谈会"的召开有"促成"之功》(《党史纵横》2010年第1期)等等。

[2] 陈益南:《〈延安日记〉里的萧军与毛泽东》,2014年4月17日《南方周末·往事》栏。

变中国共产党。毛泽东希望帮助萧军克服非无产阶级思想，学习马克思主义以改造自己的世界观、融入到工农兵中为工农兵写作。萧军一方面希望中国共产党尊重作家的自由和独立，一方面以杂文"暴露黑暗"并批评他眼中的"延安文艺现象"，要求毛泽东制定"文艺政策"，将这两方面规定下来。这种现象使毛泽东认为必须在大量吸收知识分子的政策基础上制定进一步的文艺政策，以解决文艺运动中的方向性问题，因此他要求萧军等作家帮助搜集材料。同其他作家一样，萧军也为延安文艺座谈会的召开做出了贡献。但是，他认为毛泽东在座谈会上的讲话是针对他而来的，因而同毛泽东争论。萧军固然不能改变毛泽东，毛泽东也未能改变萧军。

一、从亲自看望到挽留：毛泽东对萧军的赏识和期望

1935年8月，萧军发表长篇小说《八月的乡村》，描写一支在中国共产党领导下的东北抗日游击队同日

第二章 延安文艺运动中的方向性问题和座谈会的召开

伪军队、地主汉奸进行斗争的场面，塑造了一批无产阶级革命战士的英勇形象。这部小说是在中共提出发展民族革命战争的抗日文艺政策的背景下发表的，得到了中共的高度评价，胡乔木指出："中国文坛上也有许多作品写过革命的战争，却不曾有一部从正面写，像这本书的样子。这本书使我们看到了在满洲的革命战争的真实图画，人民革命军是怎样组成的，又在怎样的活动。"[1] 还不能断定毛泽东是否读过这部小说，但是，从他在 1937 年 10 月 19 日阐述鲁迅精神时引用发表于 1936 年 11 月上海《作家》上鲁迅致萧军信的情况来看，说明他了解萧军。

1938 年 3 月 21 日，萧军抵达延安。毛泽东"从丁玲那里得知萧军来到延安的消息"，派人"先到招待所去看望萧军，问他愿不愿意去见见毛主席"。[2] 萧军回说："我打算去五台山打游击，到延安是路过，住不了几天，毛主席公务繁忙，我就不去打扰了！"[3] 毛泽

---

[1] 胡乔木：《评〈八月的乡村〉》，《时事新报》1936 年第 23 期。
[2] 《新文学史料》编辑部编：《历史风涛中的文人们》，人民文学出版社，2009 年，第 333 页。
[3] 王钦韶、宁静主编：《中国现代名人掌故 1911—1965》（下），河南人民出版社，1994 年，第 478 页。

反帝反封建：新民主主义文化之发展方向

东却于次日上午"亲自到招待所看望他"。[1]接着，邀请他出席欢迎文艺工作者的宴会、陕北公学第二期开学典礼等一系列活动。可见，毛泽东"当时比较赏识萧军"。[2]

但是，萧军关于文艺与政治关系的主张与毛泽东的不同。他在宴会上发言"不同意延安的文艺为政治服务的方针，说是把文艺的水平降低了"。[3]他"完全不考虑时代和地点，歪曲地引用鲁迅先生一九二七年在一个讲演中说的一些话，'文艺和政治时时在冲突之中'，'政治是要维持现状，自然和不安于现状的文艺处在不同的方向'，等等，说政治家和文学艺术家不可能互相了解，应该各走各的路"。[4]他还强调"共产党人文化教养应该补充"。[5]康生"作了长篇讲话，阐述党的文艺政策，中间针对萧军的发言，不指名地

---

[1] 李捷、于俊道主编：《东方巨人毛泽东》第2卷，解放军出版社，1997年，第436页。
[2] 胡乔木：《胡乔木回忆毛泽东》，人民出版社，1994年，第54页。
[3] 徐懋庸：《徐懋庸回忆录》，人民文学出版社，1982年，第99页。
[4] 何其芳：《毛泽东之歌》，《何其芳全集》第7卷，河北人民出版社，2000年，第425页。
[5] 《萧军日记》(1941年9月19日)，《萧军全集》第18卷，华夏出版社，2008年，第527页。

第二章 延安文艺运动中的方向性问题和座谈会的召开

批评了一通,萧军竟听不下去,中途退席"。[1]毛泽东发现萧军:虽然性格直爽,但是倔强和自负,个人主义严重;反对文艺为政治服务,坚持文艺的独立性。萧军自己也说:"第一次离延安,自己留给这里的印象并不太好。"[2]

萧军虽然寻找机会去五台山,但因种种原因未能成行,于是在4月到兰州,后到成都。他积极从事抗日文艺运动,以杂文揭露国统区的黑暗和国民党消极抗日,成为国民党秘密逮捕、暗杀的重点对象之一。1940年6月15日,他携妻子女儿在八路军驻重庆办事处的帮助下到达延安。

在萧军第一次离开延安和返回期间,中共在发扬民族革命战争的抗日文艺政策的基础上,逐步确立了大量吸收知识分子融入到工农兵中去以建立一支坚强的抗日文化军队的政策。1938年4月10日,毛泽东在延安鲁迅艺术学院成立典礼上把经过长征到达陕北的文化工作者称为"山顶上的人",把由上海、北平等

---

[1] 徐懋庸:《徐懋庸回忆录》,人民文学出版社,1982年,第99页。
[2] 萧军:《楼迟录二章》(1941年6月12日),《萧军全集》第11卷,华夏出版社,2008年,第456页。

反帝反封建：新民主主义文化之发展方向

城市奔赴延安的文化工作者称为"亭子间的人"，要求双方革除自大，发展文艺的统一战线。4月28日，他论述了"一个好的艺术家必须具备三个条件：第一，要有'远大的理想'。'不但要抗日，还要在抗战过程中为建立新的民主共和国而努力，不但要为民主共和国，还要有实现社会主义以至共产主义的理想'。第二，要有'丰富的生活经验'。艺术家的'大观园'是全中国，'要切实地在这个大观园中生活一番，考察一番'。第三，要有'良好的艺术技巧'。技巧不好，'便不能表现丰富的内容'，'要下一番苦功夫去学习和掌握艺术技巧'。"[1]1939年5月，他以纪念五四运动为契机，号召文艺知识分子"把自己的工作和工农民众结合起来，到工农民众中去，变为工农民众的宣传者和组织者"。[2]12月1日，他为中共中央起草纲领性文件《大量吸收知识分子》，一方面强调"共产党必须善于吸收知识分子"，以"发展革命的文化运动和发展革命的统一战线"；一方面要帮助知识分子克服弱点，"使他们

---

[1] 胡乔木:《胡乔木回忆毛泽东》，人民出版社，1994年，第252、253页。
[2] 毛泽东:《五四运动》(1939年5月1日)，《毛泽东选集》第2卷，人民出版社，1991年，第2版，第560页。

第二章 延安文艺运动中的方向性问题和座谈会的召开

革命化和群众化,使他们同老党员老干部融洽起来,使他们同工农党员融洽起来"。[1] 胡乔木指出:"把毛主席上述主张同他后来在延安文艺座谈会上的讲话联系起来,不难看出,为人民大众服务,为现实的革命斗争服务,作家应深入群众,深入生活,这是他一贯坚持的文艺思想。"[2]

萧军第二次到延安正是在此政策确立之下。初始,他"十分舒畅,常常到延河边引吭高歌"。[3] 但是,他很快就不满了。他在1940年8月15日的日记中批评说:"'当差'的风气在这里很盛行,一些人不是在革命,不是在工作,完全把自己的地位造起来,而后慢慢地爬。这种新兴的官僚主义是革命前途的一种暗影。"9月2、7两日,他多次与警卫营战士发生冲突,声称:"这不是'八路军',简直是一群低级的野兽!""我不能再在这里住下去了,我宁可到外面去住国民党的监狱!"他打算见毛泽东把"所经过和感受的说个明

---

[1] 毛泽东:《大量吸收知识分子》(1939年12月1日),《毛泽东选集》第2卷,人民出版社,1991年,第2版,第618、619页。

[2] 胡乔木:《胡乔木回忆毛泽东》,人民出版社,1994年,第253页。

[3] 王德芬:《我和萧军风雨50年》,中国工人出版社,2004年,第99页。

反帝反封建:新民主主义文化之发展方向

白",否则"那些人一定会污蔑我,因为他们全是'党人',他们不择手段"。他的好友舒群建议"待一个时期再说",将来"一齐走"。于是,他决定看看情况,明年(即1941年)"应该忍受一切隔离的痛苦,走罢!到外面去工作和生活"。[1] 看看情况,实际上指萧军要看看1940年10月10日颁布的《中央宣传部、中央文化工作委员会关于各抗日根据地文化人与文化团体的指示》的文件如何执行。文件对于如何实施大量吸收知识分子的政策作了规定。一方面,"应该重视文化人,纠正党内一部分同志轻视、厌恶、猜疑文化人的落后心理";"对于文化人的作品,应采取严正的、批判的、但又是宽大的立场,力戒以政治口号与偏狭的公式去非难作者,尤其不应出以讥笑怒骂的态度";"应该用一切方法在精神上、物质上保障文化人写作的必要条件,使他们的才力能够充分的使用,使他们写作的积极性能够最大的发挥";文化人"可以组织各种不同类的文化团体"。总之,"必须使我们的根据地不但能够使他们安心于自己的工作,求得自己的进步,而且也

---

[1] 《萧军日记》(1940年8月15日—9月15日),《萧军全集》第18卷,华夏出版社,2008年,第273、297、298、299、305页。

第二章 延安文艺运动中的方向性问题和座谈会的召开

是最能施展他们的天才的场所。"另一方面,"估计到文化人生活习惯上的各种特点,特别对于新来的及非党的文化人,应更多的采取同情、诱导、帮助的方式去影响他们进步,使他们接近大众、接近现实、接近共产党、尊重革命秩序、服从革命纪律"。[1] 该文件既对中共自身也对文艺工作者提出了要求,毛泽东再次要求文艺工作者"放下臭架子"而和工农兵群众相结合,必须明白"群众是真正的英雄"。[2]

萧军属于"新来的及非党的文化人"。他对这份文件表示欢迎。文件发布后不久,他即和丁玲、舒群发起成立"文艺月会",以"提高文艺气氛"。[3] 1941 年 1 月 1 日,他们创刊《文艺月报》,从第 7 期起完全由萧军编辑。有人指出"在延安文艺工作的推进上,确实是有些不够,很少文艺创作的单行本问世",希望萧军这位在延安物质条件极为缺乏条件下被优待的文

---

[1] 中央档案馆编:《中共中央文件选集》第 12 册,中共中央党校出版社,1991 年,第 496—499 页。

[2] 毛泽东:《〈农村调查〉的序言和跋》(1941 年 3 月 17 日),《毛泽东选集》第 3 卷,人民出版社,1991 年,第 2 版,第 790 页。

[3] 《萧军致胡风的信》(1940 年 12 月 17 日),《萧军全集》第 16 卷,华夏出版社,2008 年,第 144 页。

化人,"能够写出比《八月的乡村》更伟大更成功的作品"。[1] 这实际上也是毛泽东的期望。但萧军宣布要以《文艺月报》为阵地,以杂文为武器,继续暴露"黑暗",同他眼中的"延安文艺现象"[2]进行斗争。他宣布:"在文艺上恐怕以阶级斗争为主题的作品已经在走着下坡路,它正在向纯艺术的路上迈进。中国文艺应该是大突进地一面要达成它革命的任务,一面还要达到纯艺术的水准。"[3]

《解放日报》5月25日发表何其芳歌颂革命的诗《革命,向旧世界进军》,6月6、7两日连载周立波歌颂农民的文章《牛》,6月10日发表社论提出"我们看重'自我批评',尤其珍视真正的'艺术家的勇气'"。[4] 萧军对此不满,称:延安文艺运动的开展必须克服两个障碍,一个是"属于作家本身的",一些作家"在一

---

[1] 萧军:《又"说起"》(1941年4月17日),《萧军全集》第11卷,华夏出版社,2008年,第452页。

[2] 萧军:《为本报诞生十二期纪念献词》(1941年11月25日),《萧军全集》第11卷,华夏出版社,2008年,第498页。

[3] 《萧军日记》(1941年2月4日),《萧军全集》第18卷,华夏出版社,2008年,第373页。

[4] 社论《欢迎科学艺术人才》,1941年6月10日《解放日报》。

第二章　延安文艺运动中的方向性问题和座谈会的召开

个似乎看不见的圈子里做文章,既不敢迈出去一步,也不敢少迈一步",犯了"'公式主义'的病根"。另一个是"属于非作家的","有的人在某一些学术部门确有一些研究和原则上的把握了,有时他就喜欢根据自己的原则来谈一谈文艺"。只有克服这两个障碍,"才能谈到提高延安文艺的水准和校正它的方向"。他一方面"至诚愿意这些喜欢谈文艺的人,能够更深和更多对于文艺的本质和特殊性加以研究和理解,帮助文艺运动开展";一方面指责"首长"干扰文艺和指点作家创作,强调"我们要求的是艺术,不是'方面'更不是艺术的'代用品'"。[1] 对于"自我批评",萧军称无啥兴味,但是对于"真正的'艺术家的勇气'"则可回答为:"有创造的勇气,也有破坏的胆量;不独敢于歌颂人所不敢歌颂的东西;更敢于憎恶人所不敢憎恶的事物……"他责问"究竟艺术是为了革命吗?还是革命为了艺术?谁应该服从谁吗?"他强调:"说艺术为了革命当然没有问题;若说革命为了艺术也不能算错。至于谁应该服从谁?那大概应该看看什么时间,什么

---

[1] 萧军:《第八次文艺月会座谈拾零》(1941年6月12日),《萧军全集》第11卷,华夏出版社,2008年,第453—455页。

反帝反封建：新民主主义文化之发展方向

空间,主要还得看一看谁走的路对吧？……"[1]他著文称鲁迅"一生为被侮辱与被损害的人们而战斗,以至于走向无产大众阵营里来共同向人类底尊严损害者们而战斗",为此"按着自己的路向,排击开诸种障碍和敌人,勇猛精进不后退";又称鲁迅"为了'抗争''现在和未来'……就操起了杂文"。[2]言下之意,他也要如此。

萧军想找毛泽东"把一些事实反映上去","认识中国共产党的真面目,以决定我将来的态度和去留"。7月8日,他致函毛泽东约定时间谈话。在焦灼地等待了一周之后,他于7月14日又致函说:"我所以要和您作一次谈话的原因,除开施政纲领之中引起我一点不能决定的疑惑外,附带还要把一年来在边区的观感,尽情说出,虽言一得之愚,对于党底本身,或有小用。因为我到边区一年有余,近来很想到大后方行走行走,此会晤算作'告别礼'也可。"毛泽东先于7

---

[1] 萧军:《"艺术家的勇气"》(1941年6月13日),《萧军全集》第11卷,华夏出版社,2008年,第459—460页。

[2] 萧军:《时代——鲁迅——时代》(1941年7月16日),《萧军全集》第11卷,华夏出版社,2008年,第463、473页。

第二章　延安文艺运动中的方向性问题和座谈会的召开

月16日派胡乔木解释因"最近害膀症"[1]而未回信,接着于7月18日与萧军交谈。

其一,萧军提出事先预备的几个问题:(1)组织纪律与政府法令抵触时谁服从谁?(2)党外人士可否批评党内的事情?(3)到延安一年多的感想;(4)作家到延安为啥写不出东西?(5)一些作家何以精神不安,不能工作?其中,他特别强调作家在延安写不出东西的原因是:"党内:个性被消磨,文章被机械批评,自动不写了,投机分子以文章做工具。党外:生活琐碎,精神受压抑。"毛泽东意味深长地指出:"你所说的全是对的,这不是一个人的事了,这是一般的问题","一定要改变"。他针对萧军所说的"黑暗"问题,指出:"列宁说过,新社会不过较旧社会稍稍好一点,它是在基本地向好的方面走……"[2]

其二,萧军询问"党有没有文艺政策?"毛泽东说:"现在忙着打仗、种地,哪顾得上呢!"萧军建议

---

[1] 《萧军日记》(1941年7月8日、14日、15日、16日、20日),《萧军全集》第18卷,华夏出版社,2008年,第460、468—469、470页。

[2] 《萧军日记》(1941年7月20日),《萧军全集》第18卷,华夏出版社,2008年,第472、473页。

反帝反封建：新民主主义文化之发展方向

"党应当制定一个文艺政策，以便使延安和各抗日根据地的同志们都有所依据，有所遵循，团结起来，步调一致地开展文艺工作"。毛泽东赞同，要求萧军留下来帮助"收集收集各方面的情况和意见"。[1] 萧军表示同意。

《毛泽东年谱》也记载说：7月下旬，"作家萧军想离开延安回重庆去，到毛泽东住处辞行。他向毛泽东谈了他在延安见到的一些不良现象以及某些同志的宗派主义、行帮作风，并建议党应制定一个文艺政策。毛泽东挽留萧军留在延安，并托他帮助收集文艺界各方面的意见和情况。"[2] 有学者认为毛泽东的回答表明中共还没有制定文艺政策。但是如前胡乔木指出，中国共产党已经提出了大量吸收知识分子融入到人民大众中去的政策，毛泽东实际上强调的是尚未在《大量吸收知识分子》基础上制定出进一步的文艺政策；如后所指出，这与萧军所要求的根本不同。毛泽东挽留

---

[1] 萧军：《难忘的延安岁月》，艾克恩编《延安文艺回忆录》，中国社会科学出版社，1992年，第113—114页。

[2] 中共中央文献研究室编：《毛泽东年谱（一八九三——一九四九）》中卷，中央文献出版社，2002年，第315页。

第二章　延安文艺运动中的方向性问题和座谈会的召开

萧军，说明对他抱有很大的期望。由于毛泽东坦然承认一些问题需要改变，萧军对毛泽东"起了好感"，评价他"诚朴，人性纯厚，客观"，只"是对一些事隔阂"。[1]7月27日，萧军写信给胡风："今年春季我本打算到各地作一番旅行"，"如今我却不想到哪里去了，就住在延安的窑洞里罢，也许还要度过几个春秋。"[2]

二、"要是瞿秋白同志还在就好了"：毛泽东对萧军的失望

就在毛泽东挽留萧军之时，《解放日报》连载周扬所写《文学与生活漫谈》一文。文章针对萧军等人主张"暴露黑暗"，提出"太阳中也有黑点，新的生活不是没有缺陷，有时甚至很多；但它到底是在前进，飞快地前进"。文章批评一些作家"把自己看得比别人特殊"，走着特有的"艺术知识分子的步伐"，同延安新

---

[1] 《萧军日记》(1941年7月20日)，《萧军全集》第18卷，华夏出版社，2008年，第472页。

[2] 《萧军致胡风的信》(1941年7月27日)，《萧军全集》第16卷，华夏出版社，2008年，第148页。

反帝反封建：新民主主义文化之发展方向

生活"步调就不一定合得很齐"；"常为自己设下一个圈子，不容易叫人打破"，同延安的"一个圈子"就有些"扞格不入的地方"。文章提出，要从精神方面寻找"写不出东西来"的原因，要"走出窑洞，到老百姓中间去跑一趟，是一定会有益处的"，延安"真正是一块能够结出丰盛的文化艺术果实的沃土"。[1]

这篇文章是继《革命，向旧世界进军》《牛》之后令萧军极为不满的又一次"文艺现象"。他斥责周扬是"挑战的，蔑污的，阴毒的"。[2]7月27日，他写好反驳文章《〈文学与生活漫谈〉读后漫谈集录并商榷于周扬同志》。其一，对延安"黑点"就应暴露。"若说人一定得承认黑点'合理化'，不加憎恶，不加指责，甚至容忍和歌颂，这是没有道理的事"，这样的人"绝不是一个真正的光明底追求和创造者"。其二，作家写不出东西之因，并非"有关创作本身的一个问题，写什么的问题"，要从"黑点"上寻找解决途径，即是

---

[1] 周扬：《文学与生活漫谈》，刘增杰等编《抗日战争时期延安及各抗日民主根据地文学运动资料》（下），山西人民出版社，1983年，第77—88页。

[2] 《萧军日记》(1941年7月21日)，《萧军全集》第18卷，华夏出版社，2008年，第474页。

第二章 延安文艺运动中的方向性问题和座谈会的召开

说,"应该寻找那些能够妨碍一个战士不能尽性地作战的精神和物质上的原因吧——补充或消灭它"。其三,周扬所说作家彼此不能接近融洽之因"就是心没通",作家为自己设圈子并非天生,而是"以圈子报圈子","这圈子即使再坚固顽强或多一些,只要肯打,不断地打,打的态度和方法能够好好随时随地检点纠正一番,用出真正的布尔什维克的战斗精神,虽然不会全'迎刃而解',大概也总可以有些成效吧"。其四,针对周扬所说作家不能"把自己看得比别人特殊"、作家在延安"特别地被理解,被尊重着",萧军认为延安的确"比起'国民党'统治下以至日本帝国主义统治下的地方,对作家们底虐杀侮辱,不关心等等……那是有天上地下分别的",但是"我们却希望在这里这'被理解,被尊重'更切实更深刻些"。对于与工农兵"打通心"的问题,萧军未予回答,只是说周扬"'打通心'的态度和方法是应该反省一番的",[1] 实际上否定了周扬关于作家应从自身找原因,转变立场,主动同工农

---

[1] 萧军:《〈文学与生活漫谈〉读后漫谈集录并商榷于周扬同志》(1941年7月27日),《萧军全集》第11卷,华夏出版社,2008年,第478—482页。

反帝反封建：新民主主义文化之发展方向

兵结合的观点。

7月28日，文章寄给《解放日报》，但被退回。萧军又"负气要离开延安"，[1] 于7月30日"到毛主席那里去辞行"，[2] 并再次提出制定"文艺政策"。毛泽东言辞中赞同周扬所说，对萧军"作了开导"。[3] 或许是觉得交谈未说明什么，毛泽东8月2日写信给萧军：其一，本应早就阐述文艺与政治之关系等一系列问题，但是"我因过去同你少接触，缺乏了解，有些意见想同你说，又怕交浅言深，无益于你，反引起隔阂，故没有即说"。其二，再次表示"延安有无数的坏现象，你对我说的，都值得注意，都应改正"。其三，称赞萧军"是极坦白豪爽的人"，并以极其诚恳的语气开导他"注意自己方面的某些毛病，不要绝对地看问题，要有耐心，要注意调理人我关系，要故意地强制地省察自己的弱点"，这样"方有出路，方能'安心立命'"[4]。显然，毛泽东"诚恳爱护之中亦略含批评，问

---

[1] 胡乔木：《胡乔木回忆毛泽东》，人民出版社，1994年，第257页。
[2] 萧军：《难忘的延安岁月》，艾克恩编《延安文艺回忆录》，中国社会科学出版社，1992年，第113页。
[3] 胡乔木：《胡乔木回忆毛泽东》，人民出版社，1994年，第257页。
[4] 《毛泽东书信选集》，人民出版社，1983年，第174页。

第二章　延安文艺运动中的方向性问题和座谈会的召开

题是有所指的"。[1]

萧军却缺乏"接受别人指摘，意见，并且考虑、改正的气量和勇气"，[2]认为毛泽东并非真正了解他，当即回信称"因为钉子碰多了，就有了硬壳，因为被误解被伤害太多了，就容易神经过敏，甚至总要提防着每个人，很少敢于放下格斗的剑！"对于毛泽东"再谈一回"的表示，他说"很愿意再和您作一次谈话的，如果可能，将来可以随时寻您来谈谈，我是极愿意了解每个人，更是对中国人民运命有着决定作用如您这样的人。同时也愿意别人认真地了解我一些"。但是，他说"明天鲁迅先生诞辰，我要去参加开会。在五号左右，如有时间可来一信约我，当造访"。[3]同时，他把论争双方的文章一起寄给毛泽东。他的口气很大，要毛泽东根据其日程安排"谈一回"，并以为毛泽东8

---

[1] 程光炜：《艾青传》，十月文艺出版社，1999年，第347页。
[2] 《萧军日记》（1941年8月1日），《萧军全集》第18卷，华夏出版社，2008年，第492页。
[3] 《萧军致毛泽东的信》（1941年8月2日），《萧军全集》第16卷，华夏出版社，2008年，第325页。

月6日"会来约我作第二次谈话"。[1]毛泽东回信说:"文章及报纸均收到。文章已读过,兹璧还。今日颇忙碌,过几天后再奉约晤叙。"[2]他清楚地表示"读过"萧军答周扬的文章后"璧还","回信及此后见面谈话始终没有对此发表意见"。[3]显然,他对萧军失望了!8月8日感慨:"怎末有一个人,又懂政治,又懂文艺!""要是瞿秋白同志还在就好了!"[4]

8月10日20点半,毛泽东派人给萧军送来便条"请惠临一叙"。萧军立即前往。毛泽东"提到'黑点'的可注意问题",萧军"解释了周扬那篇文章态度底不严肃和不正确的地方"。毛泽东指出:"战斗不外三(两)方面,一对敌人,我们要保护所有革命者。

---

[1] 《萧军日记》(1941年8月6日),《萧军全集》第18卷,华夏出版社,2008年,第497页。

[2] 邓力群主编:《毛泽东人际关系》(下册),中央民族大学出版社,2004年,第542页。

[3] 《新文学史料》编辑部编:《我亲历的文坛往事》,人民文学出版社,2004年,第199页。

[4] 李又然:《毛主席——回忆录之一》,《新文学史料》1982年第2期。

第二章　延安文艺运动中的方向性问题和座谈会的召开

二对自己的缺点和错误要斗争之，要爱惜自己。"[1]他清楚地表明反对萧军对内部也采取斗争的方式。关于萧军对"《解放日报》拒绝发表他们与周扬争论的文章"的不满，毛泽东回答：《解放日报》不给登，你可以登在你自己所办的《文艺月报》上！[2] 萧军要求毛泽东和艾青、罗烽、舒群等见一次面，毛泽东同意。

8月11日晚，毛泽东"从杨家岭住处漫步来到杨家沟半山腰的中华全国文艺界抗敌协会延安分会住地"，同萧军夫妇、艾青夫妇、白朗和李又然交谈，重述了8月10日晚对萧军所说。由于8月11日晚"不巧罗烽、舒群不在"，毛泽东于8月12日早派人送给萧军一封信，提出同他们"于早饭后惠临一叙"，[3]强调"我们谈通一些问题是很好的，

---

[1] 《萧军日记》(1941年8月10日)，《萧军全集》第18卷，华夏出版社，2008年，第501页。

[2] 中共中央文献研究室编：《毛泽东年谱（一八九三——一九四九）》中卷，中央文献出版社，2002年，第319页。

[3] 中共中央文献研究室编：《毛泽东年谱（一八九三——一九四九）》中卷，中央文献出版社，2002年，第319页。

很必要的"。[1] 于是，萧军、王德芬夫妇同艾青、韦荧夫妇，罗烽、白朗夫妇，舒群"一同应约来到杨家岭毛泽东住处，畅谈有关文艺和文艺界方面的许多问题，并共进午餐。中共中央组织部部长陈云、宣传部副部长何凯丰也在座"。[2] 萧军说："凯丰，陈云也被邀来了"，因为毛泽东"认为这次谈话是一个政治会议，非常重要的"。[3] 萧军等人再次陈述了对周扬文章的不满，萧军还再一次要求制定文艺政策。毛泽东要求萧军入党，意即以党的组织纪律来约束他。萧军立即回绝：自己"个人自由主义、个人英雄主义太严重，就像一头野马，受不了缰绳的约束"。[4] 显然，"一些问题"未谈通！

8月12日交谈后，毛泽东对萧军转到思想教育上来。8月15日晚，毛泽东介绍萧军读李达的《社会学大纲》、艾思奇的《新哲学选集》和沈志远的《辩证法

---

[1] 《萧军日记》(1941年8月12日)，《萧军全集》第18卷，华夏出版社，2008年，第503页。

[2] 中共中央文献研究室编：《毛泽东年谱（一八九三——一九四九)》中卷，中央文献出版社，2002年，第319页。

[3] 《萧军日记》(1941年8月12日)，《萧军全集》第18卷，华夏出版社，2008年，第503、504页。

[4] 王德芬：《萧军在延安》，《新文学史料》1987年第4期。

第二章 延安文艺运动中的方向性问题和座谈会的召开

唯物论与历史唯物论》。8月17日,江青给萧军送来毛泽东所著《新民主主义论》《论目前国际形势与中国抗战》和《毛泽东救国言论选集》三本书。显然,毛泽东希望萧军学习马克思主义,认识中国革命的性质和发展革命文艺事业的重要性、必要性。

这似乎未起什么影响。几个月后,萧军于12月25日致函毛泽东,说"打算在1942年中,从历史,从理论,从事实中,更进一步来研究研究'中国共产党'。①怎样理解?②起码该读些什么书"。[1] 他清楚地表明还不理解"中国共产党",也不知道读些什么书,毛泽东当然很失望。萧军等了几天,未收到任何回复,于是在1942年1月1日去了毛泽东住处,询问了"新民主主义的具体原则是什么""共产党的内容和形式"等问题。萧军写道:毛泽东"卧在沙发里勉强闭目听着","他的注意力是很勉强的","他大概对于我的自负和跋扈也有着不满,觉得我锋芒太露"。[2] 而在这天,

---

[1] 《萧军致毛泽东的信》(1941年12月25日),《萧军全集》第16卷,华夏出版社,2008年,第326页。

[2] 《萧军日记》(1942年1月1日),《萧军全集》第18卷,华夏出版社,2008年,第536、537页。

萧军在《解放日报》上发表文章宣布"为人类、强健自己、竞取第一",要以稳、准、狠"作为我创作和对敌人战斗的三字诀"。[1]

三、"暴露黑暗"潮流的喷发与毛泽东决定召开文艺座谈会

在上述过程中,"暴露黑暗"的潮流日益严重。它萌发于1940年,1941年"有了长足的发展",丁玲发表《我们需要杂文》,批评说逃避是非、明哲保身都是错误的。到1942年,"暴露黑暗"的杂文"在文艺刊物甚至党报上都盛极一时",[2]如丁玲的《三八节有感》、艾青的《了解作家,尊重作家》、罗烽的《还是杂文时代》、王实味的《野百合花》等等。这些杂文用"含沙射影,冷嘲热讽"的笔法,"把延安描写得似乎到处都是'黑暗'";[3]尤其是《野百合花》说国统区的爱国青

---

[1] 萧军:《也算试笔》(1941年12月20日),《萧军全集》第11卷,华夏出版社,2008年,第503页。

[2] 胡乔木:《胡乔木回忆毛泽东》,人民出版社,1994年,第54页。

[3] 欧阳山尊:《落叶集》,红旗出版社,1995年,第595页。

第二章　延安文艺运动中的方向性问题和座谈会的召开

年怀着抗日热情来到延安，却发现延安一派"歌啭玉堂春、舞回金莲步"[1]的景象。

在这股潮流中，萧军非常突出。他认为，"一个革命者的任务，就是要随时随地和丑恶与不义来战斗，为后来者开路"。[2]他宣称，延安虽然是"中国革命的策源地"，却存在着"错误，不良的倾向，落后意识底残留等等"，需要以"更深和更韧性的强力的东西来和它战斗"，[3]要通过战斗"肃清一切'官僚主义的倾向'，'贪污腐化的现象'"。[4]他批评延安"沉闷，疲乏"，[5]声称："走罢！走罢！我不是这里的人，我具备着和他们有着不容易调和的矛盾……我怕这里的：医院、传达室、戏院、饭馆……这表现着官僚、凌乱、卑俗、无教养……啊！丑恶到这里来集合了！"他批

---

[1] 王实味等著，沈默编：《野百合花》，花城出版社，1992年，第4页。

[2] 萧军：《论同志之"爱"与"耐"》（1942年4月4日），《萧军全集》第11卷，华夏出版社，2008年，第536页。

[3] 萧军：《延安鲁迅研究会成立经过》（1941年1月15日），《萧军全集》第11卷，华夏出版社，2008年，第429页。

[4] 萧军：《鲁迅先生逝世四周年延安各界纪念大会宣言》（1940年9月26日），《萧军全集》第11卷，华夏出版社，2008年，第421页。

[5] 萧军：《〈七月〉与胡风》（1940年12月16日），《萧军全集》第11卷，华夏出版社，2008年，第426页。

反帝反封建：新民主主义文化之发展方向

评《解放日报》的党性过强，对"延安的一些不良现象也没有任何批评，全是讳莫如深"；并强调中共只有走"统一战线的路"，"我们才能合作下去"。[1] 有人劝他"多写小说，少写杂文",[2] 他却称自己要像鲁迅一样拿着笔不苟地战斗着，照出"藏在社会每一个龌龊的角落，每一条不被人注意的卑俗的缝际里面所潜藏的恶菌"。[3]

毛泽东对上述现象作了尖锐的批评。他说："最近一个时期，某些文章，某些文学作品——当然只是一部分，发生了一些问题。"[4] 他指出："知识分子到延安以前，按照小资产阶级的幻想把延安想得一切都很好。延安主要是好的，但也有缺点。这样的人到了延安，看见了缺点，看见了不符合他们的幻想的地方，就对

---

[1] 《萧军日记》（1941年5月13日，1942年3月31日），《萧军全集》第18卷，华夏出版社，2008年，第426、594页。

[2] 萧军：《不走正路文集》（1938年9月30日），《萧军全集》第11卷，华夏出版社，2008年，第294页。

[3] 萧军：《延安鲁迅研究会成立经过》（1941年1月15日），《萧军全集》第11卷，华夏出版社，2008年，第428页。

[4] 毛泽东：《文艺工作者要同工农兵相结合》（1942年5月28日），《毛泽东文集》第2卷，人民出版社，1993年，第426页。

第二章　延安文艺运动中的方向性问题和座谈会的召开

延安不满，就发牢骚。"[1]他点名批评《野百合花》，说这是王实味挂帅，不是马克思挂帅，"是从不正确的立场说话的，这就是绝对平均主义的观点和冷嘲暗箭的方法"。[2]他强调："批评应该是严正的、尖锐的，但又应该是诚恳的、坦白的、与人为善的。只有这种态度，才对团结有利。冷嘲暗箭，则是一种销蚀剂，是对团结不利的。"[3]

萧军认为毛泽东的批评也是针对他而来。4月5日，他剪掉头发，准备旅行。4月7日，毛泽东写信建议"迟一回再出巡，以便商量一个重要问题"，希望"惠临我处一叙"。萧军推测"一个重要问题"应是"军人方面不高兴文艺作家写部队黑暗方面的事"。他本不想"惠临"，却又认为如果不"一叙"，则"一些文人是要吃亏的，而且有些问题也不会得到解决"。[4]

---

[1] 中共中央文献研究室编：《毛泽东年谱（一八九三——一九四九）》中卷，中央文献出版社，2002年，第378页。

[2] 温济泽：《再谈王实味冤案》，《炎黄春秋》1993年第6期。

[3] 王文彬编著：《中国现代报史资料汇辑》，重庆出版社，1996年，第734页。

[4] 《萧军日记》(1942年4月7日)，《萧军全集》第18卷，华夏出版社，2008年，第598页。

反帝反封建：新民主主义文化之发展方向

这样，毛泽东于4月7、8日同萧军"接连两天谈了有关党的文艺方针政策等问题"。[1]《萧军日记》说，毛泽东"说最近他感到这文艺政策等重要，也开始留心这些问题，也要懂得些"，并提出"内容与形式""作家的态度""作家与一般人关系"三个问题，再就是"新杂文问题"。萧军则"谈了些自己两年来苦痛的心情"，批评各部门的"本位主义"。他大概是因为认为毛泽东认识到他所要"文艺政策"的重要，所以说此次交谈使"我们的感情似乎更接近些"。[2]

因此，萧军变得积极起来。4月13日，毛泽东致信他"拟请带（代）我搜集反面的意见，如有所得，祁（祈）随时示之为盼！"[3]萧军"陆续将收集到的文艺界情况材料送给毛泽东"。[4]4月24日晨，他接到八路军

---

[1] 中共中央文献研究室编：《毛泽东年谱（一八九三——一九四九）》中卷，中央文献出版社，2002年，第374页。

[2] 《萧军日记》（1942年4月7日），《萧军全集》第18卷，华夏出版社，2008年，第598页。

[3] 在《萧军全集》第18卷第602页中，萧军将"反面的"写为"各家的"。笔者查阅了王德芬的回忆，对比了毛泽东同一天给罗烽、舒群、艾青、草明和欧阳山的信，发现此处应该是"反面的"，不应为"各家的"。

[4] 中共中央文献研究室编：《毛泽东年谱（一八九三——一九四九）》中卷，中央文献出版社，2002年，第373页。

第二章　延安文艺运动中的方向性问题和座谈会的召开

留守兵团"马匹三、四日内可到"的通知,于是写信给毛泽东"催他开会"。毛泽东当即回信,一方面说座谈会很快就召开,"开完会你就可以走了";一方面表示召开前"还想同你谈一下",并表示"派马来接"。[1] 耐人寻味的是,《毛泽东年谱》说回信是4月27日写的,[2] 萧军则称是这日上午收到毛泽东4月24日所写的回信,接信后就去毛泽东住处"谈一下"。他批评共产党"过去一般不注意文化人";并称将来中国要形成"政治南北朝",南北以"文化战为主"。毛泽东听后"脸色不很好看"。[3]

在上述过程中,萧军称"有责任用文学和艺术影响他们"。[4] 他先是著文说每位文艺工作者面前"全似乎存在着一口等待跳越的'坑'",这种坑"大概决不是'写什么'的坑;而应该是'怎样写'的坑",因此他

---

[1] 《萧军日记》(1942年4月24日、27日),《萧军全集》第18卷,华夏出版社,2008年,第608、611页。

[2] 中共中央文献研究室编:《毛泽东年谱(一八九三——一九四九)》中卷,中央文献出版社,2002年,第377页。

[3] 《萧军日记》(1942年4月27日),《萧军全集》第18卷,华夏出版社,2008年,第610页。

[4] 《萧军日记》(1942年4月10日),《萧军全集》第18卷,华夏出版社,2008年,第599页。

到延安后的作品"全是失败的"。他宣布:"恐惧和逃脱这全不是一个真正的艺术者的精神;只有敢于登净土,敢于堕地狱,敢于面对这'坑'而走下去的人",才是"美丽的"。[1] 在和毛泽东接连两天交谈后,萧军又著文说:"一万个人中一定可以选出一个很好的将军;十万个人中不一定选出一个很好的作家;将军们的刀和枪虽然沉重些,只要有些腕力的人,只要五分钟底学习他就可以使用它;作家们底笔是轻的,有的学习十年或二十年的还不能够发出一颗有效的子弹。""有谁参加将军们作战计划,那是愚妄;有谁(轻)蔑作家底独立,那也绝不是聪明。"[2] 即是说,一个优秀的作家难得!要发展文艺,就必须尊重作家的独立。在毛泽东要求搜集"反面的意见"后,他把《文艺月报》第1至14期订在一起寄给毛泽东,其中登载了许多"暴露黑暗"的文章。他宣称要把握一切机会去宣传"文艺之道",给毛泽东寄月报就是宣传手段之一。

---

[1] 萧军:《作家面前的"坑"》(1942年2月13日),《萧军全集》第11卷,华夏出版社,2008年,第522页。

[2] 萧军:《论文武之道》(1942年4月12日),《萧军全集》第11卷,华夏出版社,2008年,第528页。

第二章　延安文艺运动中的方向性问题和座谈会的召开

在萧军竭力用自己的"文艺"影响之时，毛泽东对他谈了要召开座谈会，因而萧军说这是他两年来"间接直接工作出来的结果，我可以如此说"；如何召开也与他有关：在4月7日的交谈中"决定这样：先个别开座谈会，而后开一总座谈会"，在4月27日的交谈中"谈了一些开会的程序和办法"。[1] 但是，与其按照萧军所说是他促成召开的，毋宁说是李又然促成的。李又然说，是他先问"毛主席，什么时候文艺界开个大会，毛主席亲自主持！""过了几天，主席就找文艺界的同志谈话。头一个是丁玲。丁玲谈了要她找艾青。艾青谈了要他找萧军。萧军谈了要他找舒群。舒群谈了要他找罗烽……这样一个一个地谈，问他们文艺是为什么人的这类问题。"李又然接着指出："有人以为我自以为文艺座谈会是我引起的，这是一种误会，我没有说过这话，也一点点都没有这个意思。就算我多少起了点引起的意思吧，也因为时机已经成熟，要开这个会了。"[2]

---

[1] 《萧军日记》（1942年5月2日，4月10日、27日），《萧军全集》第18卷，华夏出版社，2008年，第614、599、610页。

[2] 李又然：《毛主席——回忆录之一》，《新文学史料》1982年第2期。

反帝反封建：新民主主义文化之发展方向

在4月13日致函萧军时，毛泽东还分别致函罗烽、舒群、艾青、欧阳山和草明"请代我搜集反面的意见"。[1] 艾青还特地指出毛泽东"在'反面的'三个字下面加了三个圈"。[2] 胡乔木回忆说："文艺座谈会前，毛主席三次给他（即艾青）写信，两次约他面谈……对当时发表的某些文章提出了尖锐批评，认为有的文章'像是从日本飞机上撒下来的'，有的文章'应该登在国民党的《良心话》上'。艾青恳切地要求毛主席亲自'开个会，出来讲讲话'。"[3] 刘白羽说：毛泽东"曾经三次找我谈话"，"叮嘱我，找一些人，把问题提出来，议论议论，把议论的结果报告给他"。[4] 因此，刘白羽批评萧军所说"完全是违背事实，严重歪曲了延安文艺座谈会的背景和意义"。[5]

毛泽东同上述作家的谈话内容与同萧军的一样。

---

[1] 叶锦编著：《艾青年谱长编》，人民文学出版社，2010年，第105页。
[2] 《艾青选集》第3卷，四川文艺出版社，1986年，第312页。
[3] 胡乔木：《胡乔木回忆毛泽东》，人民出版社，1994年，第257页。
[4] 刘白羽：《延河水流不尽》，艾克恩编《延安文艺回忆录》，中国社会科学出版社，1992年，第100页。
[5] 刘白羽：《延安文艺座谈会的前前后后》，《人民论坛》2002年第5期。

第二章 延安文艺运动中的方向性问题和座谈会的召开

草明回忆说,毛泽东在4月9日同她和欧阳山的谈话中,说中共中央"准备召开一次有关文艺工作的会议",和大家讨论三个问题:一个是立场问题,即"文艺为什么人的问题";一个是态度问题,即"如何为工、农、兵写作的问题";一个是学习问题,即学习马列主义清除非无产阶级思想、改造世界观的问题。[1] 草明说她有生以来头一次听到文艺知识分子要有正确的立场:文艺要为人民服务;文艺知识分子的工作对象是工、农、兵,所以要到他们火热的斗争中去熟悉他们,使自己的思想感情来一个变化。[2]

总之,延安文艺界存在"暴露黑暗""脱离实际、脱离群众的倾向""马列主义妨碍文艺创作""小资产阶级的自我表现"以及宗派主义五种问题。"尽管这些问题并没有构成延安文艺界的主流,但它们对抗战和革命事业是不利的,也阻碍着文艺本身的发展。为了解决这些问题,并系统地制定党的文艺工作的方针政

---

[1] 草明:《忆延安》,《文艺理论与批评》1998年第3期。
[2] 草明:《记毛泽东主席对我的三次谈话》,徐新民主编《在毛泽东身边》,中共中央党校出版社,1993年,第81页。

策,党中央决定召开文艺座谈会。"[1] 既然要开会,毛泽东当然要调查一下情况,找人谈话,"萧军的作用和其他作家的作用并没有什么区别。只不过以萧军当时非党员作家身份和在延安文艺界的影响,他无疑成为毛泽东一度相当重视的听取意见对象"。[2]

四、"文艺运动中的一些根本方向问题":座谈会上毛泽东与萧军的争论

5月2日至23日,延安文艺座谈会召开,毛泽东与萧军在以下几个方面明显存在着争论。

第一,文艺的性质及其与政治的关系如何?

毛泽东指出:举行文艺座谈会,"就是要使文艺很好地成为整个革命机器的一个组成部分,作为团结人民、教育人民、打击敌人、消灭敌人的有力的武器,帮助人民同心同德地和敌人作斗争"。"一切文化或文学艺术都是属于一定的阶级,属于一定的政治路线的。为艺术的艺术,超阶级的艺术,和政治并行或互相独

---

[1] 胡乔木:《胡乔木回忆毛泽东》,人民出版社,1994年,第256页。
[2] 何方:《萧军在延安》,《炎黄春秋》2015年第1期。

第二章 延安文艺运动中的方向性问题和座谈会的召开

立的艺术，实际上是不存在的。""文艺是从属于政治的，但又反转来给予伟大的影响于政治。"[1]

萧军反对文艺为政治、军事服务，强调作家的"自由"和"独立"。他重复了与毛泽东初次见面时的观点，说："红莲、白莲、绿叶是一家；儒家、道家、释家是一家；党内人士、非党人士、进步人士是一家；政治、军事、文艺也是一家。既然各是一家，它们的辈分是平等的，谁也不能领导谁。"[2] 他进而说："鲁迅在广州就不受哪一个党哪一个组织的指挥。"[3] 有人指出："萧军之拒绝文学服从政治、要求文学'独立'，其实质乃是否认共产党在文艺战线上的领导，是要求他的极端自私的个人主义的'文艺''独立'。"[4] 因此，胡乔木反驳说："文艺界需要有组织，鲁迅当年没受到组织的领导是不足，不是他的光荣。归根到底，是党要不要领

---

[1] 毛泽东:《在延安文艺座谈会上的讲话》(1942年5月),《毛泽东选集》第3卷，人民出版社，1991年，第2版，第848、865、866页。

[2] 中国人民政治协商会议延安市政协文史与学习委员编:《延安文史》第11辑《延安岁月》(下)，延安现代彩色制版务有限公司2008年印制，第444页。

[3] 胡乔木:《胡乔木回忆毛泽东》，人民出版社，1994年，第54页。

[4] 张心如、草明、刘芝明等:《萧军思想批判》，大众书店，1949年，第206、207页。

导文艺,能不能领导文艺的问题。"毛泽东祝贺胡乔木"开展了斗争"。[1]

第二,是"歌颂光明"还是"暴露黑暗"?是否还需要杂文?

毛泽东从两个角度进行论述。一方面,他指出"歌颂光明"和"暴露黑暗"都需要,关键是对什么人。对敌人,"革命文艺工作者的任务是在暴露他们的残暴和欺骗,并指出他们必然要失败的趋势,鼓励抗日军民同心同德,坚决地打倒他们"。对统一战线中的同盟者,"他们的抗战,我们是赞成的;如果有成绩,我们也是赞扬的。但是如果抗战不积极,我们就应该批评。如果有人要反共反人民,要一天一天走上反动的道路,那我们就要坚决反对"。对人民群众、人民的军队和人民的政党,"当然应该赞扬"。另一方面,他批评"从来文艺的任务就在于暴露"这种说法"缺乏历史科学知识的见解"。他指出:对于革命的文艺家来说,要揭露的"只能是侵略者、剥削者、压迫者及其在人民中所遗留的恶劣影响,而不能是人民大众";对于

---

[1] 胡乔木:《胡乔木回忆毛泽东》,人民出版社,1994年,第54页。

第二章 延安文艺运动中的方向性问题和座谈会的召开

人民大众的缺点,"应当用人民内部的批评和自我批评来克服,而进行这种批评和自我批评也是文艺的最重要任务之一"。他强调:"对于人民,这个人类世界历史的创造者,为什么不应该歌颂呢?无产阶级,共产党,新民主主义,社会主义,为什么不应该歌颂呢?"他尖锐地批评:"有这样的一种人,他们对于人民的事业并无热情,对于无产阶级及其先锋队的战斗和胜利,抱着冷眼旁观的态度,他们所感到兴趣而要不疲倦地歌颂的只有他自己,或者加上他所经营的小集团的几个角色。这种小资产阶级的个人主义者,当然不愿意歌颂革命人民的功德,鼓舞革命人民的斗争勇气和胜利信心。这样的人不过是革命队伍中的蠹虫,革命人民实在不需要这样的'歌者'。"[1] 总之,"没有纯之又纯的文艺,也没有纯之又纯的文人,文艺家要么为无产阶级服务,要么为资产阶级服务,没有中间道路可走"。[2]

---

[1] 毛泽东:《在延安文艺座谈会上的讲话》(1942年5月),《毛泽东选集》第3卷,人民出版社,1991年,第2版,第848—849、871—872、873页。

[2] 叶子东口述,温卫东整理:《叶子龙回忆录》,中央文献出版社,2000年,第73—74页。

反帝反封建：新民主主义文化之发展方向

由于杂文是"暴露黑暗"的工具，有人声称"还是杂文时代，还要鲁迅笔法"。毛泽东批评指出："鲁迅处在黑暗势力统治下面，没有言论自由，所以用冷嘲热讽的杂文形式作战，鲁迅是完全正确的。"但是在"给革命文艺家以充分民主自由"的陕甘宁边区和敌后的各抗日根据地，"杂文形式就不应该简单地和鲁迅的一样"。对付敌人，杂文"是永远需要的"，但是对于同盟者、对于自己队伍，就不能乱用杂文，否则"就是使自己站在敌人的立场上去了"。[1]

萧军一方面反对歌颂光明，强调："我们革命，就要像鲁迅先生那样，将旧世界砸得粉碎，绝不写歌功颂德的文章。"[2] 有人指出："萧军已认为劳动人民是天生的'愚昧''无知'，所以解放区文艺工作的'任务'就是要暴露人民的'愚蠢''下流'，而不是歌颂人民的革命斗争与民主建设。一句话说就是要暴露所谓人民的'黑暗'，而不是歌颂人民的光明，这就是萧军在

---

[1] 毛泽东：《在延安文艺座谈会上的讲话》(1942年5月)，《毛泽东选集》第3卷，人民出版社，1991年，第2版，第872页。

[2] 中国人民政治协商会议延安市政协文史与学习委员会编：《延安文史》第11辑《延安岁月》(下)，延安现代彩色制版印务有限公司2008年印制，第444页。

第二章 延安文艺运动中的方向性问题和座谈会的召开

延安所提倡的文艺任务。"[1]另一方面,萧军提出"杂文还废不得说",称:杂文是鲁迅手中"担负起对整个社会的污暗面几乎全面战斗的任务"的武器!"鲁迅先生底杂文,能够横绝一时,把一些……脖子上挂着小铃铎的'山羊'以及叭儿狗、癞皮狗以及善于变化的魑、魅、魍、魎之类,追杀得上天无路……""我们不独需要杂文,而且很迫切。(因为)那可羞的'时代'不独没过去,而且还在猖狂。"要从鲁迅那里学习"及时磨练武器的精神,精通武艺的精神,临敌无前的精神","保护美的,消灭丑的;保护自己以及自己底战友,消灭敌人"。[2]

第三,文艺为谁服务?文艺工作者持什么立场?是否要到工农兵中去?写什么样的作品?

毛泽东提问"一切种类的文学艺术的源泉究竟是从何而来的呢?"他回答指出:"中国的革命的文学家艺术家,有出息的文学家艺术家,必须到群众中去,

---

[1] 张心如、草明、刘芝明等:《萧军思想批判》,大众书店,1949年,第89页。

[2] 萧军:《杂文还废不得说》(1942年5月14日),《萧军全集》第11卷,华夏出版社,2008年,第550—553页。

反帝反封建：新民主主义文化之发展方向

必须长期地无条件地全心全意地到工农兵群众中去，到火热的斗争中去，到唯一的最广大最丰富的源泉中去，观察、体验、研究、分析一切人，一切阶级，一切群众，一切生动的生活形式和斗争形式，一切文学和艺术的原始材料，然后才有可能进入创作过程。否则你的劳动就没有对象，你就只能做鲁迅在他的遗嘱里所谆谆嘱咐他的儿子万不可做的那种空头文学家，或空头艺术家。"他特别强调指出："领导中国前进的是革命的根据地，不是任何落后倒退的地方"，只有"为革命根据地的群众而写的作品，才愈有全国意义"。他举例说："法捷耶夫的《毁灭》，只写了一支很小的游击队，它并没有想去投合旧世界读者的口味，但是却产生了全世界的影响。"[1] 字里行间，他一方面批评萧军总想去"旅行"，一方面希望萧军到工农兵中去写出像《毁灭》这样的小说。

萧军则认为，一部作品有无读者，取决于"作品本身社会价值和艺术价值以及读者文化水准"。"我们当前大部的读者层还是革命青年进步的军人，进步的

---

[1] 毛泽东：《在延安文艺座谈会上的讲话》（1942年5月），《毛泽东选集》第3卷，人民出版社，1991年，第2版，第860—861、876—877页。

第二章　延安文艺运动中的方向性问题和座谈会的召开

工人，农民差一些，一部分行政工作者。"作家要写"事物和人底'典型性'。多写进步的，典型性较大的，必然的，尖锐的……一面。从动的、发展的观点上来写一切，一切也就是动的，发展的……'从卑污中寻出美的来——发扬它；从美的中寻出卑污来——消灭它。'"他虽然也赞同文艺作品"也要有'一定的'立场"，并认为"不管作者在主观上承认不承认。在有阶级的社会里，这立场就是作者所属的阶级"，但是强调文艺工作者的立场是："第一个是为求得民族底解放；第二个是求得人类底解放"，文艺工作者"一切是为这'解放'而服务"。[1] 他还认为：王实味"主观是站在革命立场上"，对其"批评的态度是不对的"。[2] 虽然萧军的立场无可厚非，但是他并未明确回答文艺为工农兵服务的问题。

是否要到工农兵中去，萧军实际上也否认。他说：文艺工作者的态度是"科学者的"，即："要严肃，要

---

[1] 萧军：《对于当前文艺诸问题的我见》（1942年5月6日），《萧军全集》第11卷，华夏出版社，2008年，第544、543页。

[2] 《萧军日记》（1942年5月25日），《萧军全集》第18卷，华夏出版社，2008年，第632页。

反帝反封建：新民主主义文化之发展方向

客观，要把握住事物、人最真理的部分，最本质的东西。由抽象到具象，到形象，到典型……再赋以艺术的生命和灵魂，……让它——艺术品——自己去生活去行动。"手法是"现实主义的"，即："它既不脱离现实，也不拘泥于现实，更可贵的，还是爱它有指导现实和作用现实的力量。在创作或批评的手法上，不管它有千万个派别，它们全是从'现实'派生的。……无论古今中外，凡算为一位伟大艺术家，一件伟大艺术品，从客观来看，他们本质上毫无疑问，全是用最伟大'现实主义'手法来工作，来产生的。"他还从"如何搜集材料"的角度来否定没有必要到工农兵中去："作家们第一个工作是理解人，表现人底生活，其次是历史、事物和世界。""前方可以搜集材料；乡村可以，都市可以，眼前，身边……全可以。这里有个选择的，就是：先到最复杂、变动最快、斗争最尖锐、明暗度最显著的地方去。"他强调：作家"不独深入，更重要的是'要融合又要独立；要独立又要融合'"。[1]

第四，文艺工作者是否要学习马克思主义？马克

---

[1] 萧军：《对于当前文艺诸问题的我见》（1942年5月6日），《萧军全集》第11卷，华夏出版社，2008年，第543—544、545页。

第二章 延安文艺运动中的方向性问题和座谈会的召开

思主义是否妨碍文艺创作?

毛泽东指出:"学习马克思主义,是要我们用辩证唯物论和历史唯物论的观点去观察世界,观察社会,观察文学艺术,并不是要我们在文学艺术作品中写哲学讲义。马克思主义只能包括而不能代替文艺创作中的现实主义,正如它只能包括而不能代替物理科学中的原子论、电子论一样。"文艺工作者必须虚心学习马克思主义,消除"那些封建的、资产阶级的、小资产阶级的、自由主义的、个人主义的、虚无主义的、为艺术而艺术的、贵族式的、颓废的、悲观的以及其他种种非人民大众非无产阶级的创作情绪","研究社会上的各个阶级,研究它们的相互关系和各自状况,研究它们的面貌和它们的心理"。只有这样,文艺才能够有"丰富的内容和正确的方向"。总之,毛泽东强调了文艺工作者需要通过学习马克思主义来对自己的思想"来一番改造",使自己和"根据地的人民群众完全结合"。[1]

萧军宣布:"我不管政治上面怎么样,我就是要

---

[1] 毛泽东:《在延安文艺座谈会上的讲话》(1942年5月),《毛泽东选集》第3卷,人民出版社,1991年,第2版,第874、852、851、848页。

反帝反封建：新民主主义文化之发展方向

写作。我不光要成为中国第一个作家，而且要成为世界的第一个作家"，[1] 要排列在马克思、恩格斯、列宁、斯大林、毛泽东之后做"老子天下第六"。对于是否学习马克思主义，萧军未直接表态，而是认为："学习对于一个作家，和吃睡一般重要……在学习速度上，别人进一步，他们要进三步；在学习的宽度上，别人可以不知道他底东西，他一定要知道别人底东西；在学习的深度上，他一定要懂得这事物最本质的东西。从人那里学习，从事物那里学习，从书本上那里学习。"[2]

座谈会结束后第二天晚上即5月24日，萧军对毛泽东表示"同意他那结论的意见"，[3] 即似乎赞同上述毛泽东所强调的"文艺运动中的一些根本方向问题"。[4] 实际上并非如此！在座谈会第一次大会上的发言，他

---

[1] 干学伟：《我们从感情上起了变化》，王海平、张军锋主编《回想延安·1942》，江苏文艺出版社，2002年，第198页。

[2] 萧军：《对于当前文艺诸问题的我见》(1942年5月6日)，《萧军全集》第11卷，华夏出版社，2008年，第545页。

[3] 《萧军日记》(1942年5月25日)，《萧军全集》第18卷，华夏出版社，2008年，第633页。

[4] 毛泽东：《在延安文艺座谈会上的讲话》(1942年5月)，《毛泽东选集》第3卷，人民出版社，1991年，第2版，第877页。

第二章　延安文艺运动中的方向性问题和座谈会的召开

称自己对每个问题"给了自己的说明",其讲话"引起普遍注意凝神和欢腾"。座谈会结束后,他总结说:"我这一次也算一个挑战,知道知道别人的力量,也知道知道自己的力量,我于这些操马克思主义枪法的人群中,也还是自由杀入杀出,真理是在我这面。"[1]毛泽东指出:"有的同志"抹杀艺术的革命性,特别强调"只要是艺术的东西,只要是艺术水平高的文学艺术作品,就认为是好的","而对立场问题,观点问题,马列主义基本观点问题,向工农兵取材问题,给谁读的问题,与工农兵密切结合或完全为工农兵这些问题,认识不清楚"。[2]萧军认为毛泽东的讲话就"是针对他的",[3]批评毛泽东"喜欢在不意中给人以一个钉子碰的","喜欢用暗示的方法,谦虚的方式","先引敌深入,而后包围之"。[4]

---

[1] 《萧军日记》(1942年5月2日、25日),《萧军全集》第18卷,华夏出版社,2008年,第614、632页。

[2] 毛泽东:《文艺工作者要同工农兵相结合》(1942年5月28日),《毛泽东文集》第2卷,人民出版社,1993年,第427—428页。

[3] 蓝棣之:《毛泽东心中的鲁迅》,《南方文坛》2001年第2期。

[4] 《萧军日记》(1942年5月10日),《萧军全集》第18卷,华夏出版社,2008年,第623页。

五、结论：毛泽东所要制定的文艺政策和萧军要求的本质不同

毛泽东、萧军两人都想改变对方。萧军说："我懂得共产党也懂得共产党人，但是它们并不懂得我啊！我是一个作家，我只有含着泪帮助它们生长。"[1] 他期望"当文化上的统率者，和一切恶劣的文化战斗"，改变中国共产党。要改变中共，首先要改变毛泽东。萧军认为，毛泽东"不是哲人、学者"，"是农民性的中国式的自然主义式的领导者，单纯的政治家"。萧军宣布，他"作为作家"，要"培养灵魂"，要改变毛泽东而使他"伟大、崇高、纯洁"。因此，萧军"一开始很支持整风，也对召开文艺座谈会出过力，因为他早就认为共产党的毛病不少，对文艺问题更有自己的一套主张，以为整风可以使共产党按他的主张改'好'，作家的地位可以得到提高"。[2] 他反复提出应制定包括

---

[1] 《萧军日记》(1940年9月2日)，《萧军全集》第18卷，华夏出版社，2008年，第292页。

[2] 何方：《萧军在延安》，《炎黄春秋》2015年第1期。

第二章 延安文艺运动中的方向性问题和座谈会的召开

三个方面的"文艺政策":"①规定共产党在现实创作批评总方向。②与党外作家关系。③明确规定文艺的地位,作家的地位。"[1]

毛泽东指出,萧军属于著名、有成绩的作家,要特别注意帮助他"把原有的小资产阶级、资产阶级的个人主义立场,自觉地彻底地转变过来",[2] 以推动文艺工作朝着为工农兵服务的方向发展。为此,需要制定切实可行的文艺政策。毛泽东指出:"党中央关于知识分子的决定已经有了",《大量吸收知识分子》"正式表明我们党欢迎并吸收大批的知识分子,不管是什么知识分子,只要他们是抗日的就应该吸收",但是关于文艺工作"还没有一个统一的很好的决定"。因此,要召开文艺座谈会,以解决文艺知识分子"和我们党的干部相结合,和工人农民相结合,以及和军队官兵相结合的问题"。[3] 毛泽东所要制定的文艺政策与萧军要求的本质不同。

---

[1] 《萧军日记》(1942年5月8日),《萧军全集》第18卷,华夏出版社,2008年,第621页。

[2] 王增如、李燕平编:《丁玲自叙》,团结出版社,1998年,第237页。

[3] 毛泽东:《文艺工作者要同工农兵相结合》(1942年5月28日),《毛泽东文集》第2卷,人民出版社,1993年,第425页。

反帝反封建：新民主主义文化之发展方向

萧军固然改变不了毛泽东，毛泽东也未能改变萧军。萧军第二次到延安后不久对丁玲称："我是不高兴做别人陪衬而存在这里的。将来文坛的趋势，凡是有些才能和骨气的作家，他们一定不属于国民党也不属于共产党……"[1] 座谈会结束后不久，他在一份"献词"中说："只有具备着无穷希望和高远理想的人，而又一步不放松地走过去的人，才是有望的"；"有那样敢于轻视文艺，阻碍文艺的人，你只问问他们自己较比起马、恩、列、斯如何？——这些伟大的人全是尊重文艺的。"[2] 他未提毛泽东，其意可知。

---

[1] 《萧军日记》(1940年8月15日)，《萧军全集》第18卷，华夏出版社，2008年，第273页。

[2] 萧军：《献词——为延安星期文艺学园一年修业期满》(1942年6月22日)，《萧军全集》第11卷，华夏出版社，2008年，第555页。

第三章　新民主主义文化的内在规律：毛泽东、萧军关于鲁迅的看法与争论

中国文化从新文化运动时期的以民主和科学为特征的新文化，发展成为抗日战争时期的人民大众的反帝反封建的文化即新民主主义文化，有着内在的规律。这个规律，可以从毛泽东、萧军对鲁迅的阐释与争论的角度加以揭示。选择这个角度有两方面的原因。一方面，毛泽东对鲁迅的看法是学术界研究的热点，但是学者们的观点对立。有学者认为，毛泽东对鲁迅的推崇并非"仅仅是为了政治斗争的需要"，两人"在思想的深邃、学识的渊博、文风的犀利明快，以及毫不

反帝反封建：新民主主义文化之发展方向

妥协的斗争精神等许多方面……都有相似之处"[1]。有学者则认为，两人"对于中国历史、现状和出路，对于文艺与政治关系等方面的看法和主张，有着根本性的不同"，毛泽东按照自己的方式阐释鲁迅，"从而掌控了对于鲁迅及其作品的话语权，实现了无产阶级革命文化对中国现代新文化的主导地位的占领"[2]。但是，怎么会有根本性不同？在根本不同之下又怎能按照自己的方式阐释？

另一方面，萧军与鲁迅、萧军与毛泽东的关系也引人注目。就前者而言，萧军曾在鲁迅的指导下从事文学活动，声称只有他最了解鲁迅，只有他才能继承鲁迅的事业。那么，问题是，他"最了解"鲁迅的是什么？继承了鲁迅的什么事业？就后者而言，有学者认为《在延安文艺座谈会上的讲话》"无意识地针对的，就是鲁迅身边的人"，特别是萧军[3]。那么，为什么针对萧军？在毛泽东、鲁迅、萧军之间，有人认为毛泽

---

[1] 袁荻涌:《毛泽东论鲁迅》,《文史杂志》1996 年第 5 期。
[2] 田刚:《毛泽东与鲁迅:"文艺与政治的歧途"》,《文史哲》2012 年第 2 期。
[3] 蓝棣之:《毛泽东心中的鲁迅》,《南方文坛》2001 年第 2 期。

第三章　新民主主义文化的内在规律：毛泽东、萧军关于鲁迅的看法与争论

东和萧军都喜欢鲁迅，"只是毛泽东对于鲁迅的欣赏与萧军的对于鲁迅之爱戴，可能是有差别的"。至于什么差别，可以"供有兴趣的人去探讨吧！"[1]

下文将把抗日民族战争背景下毛泽东和萧军在如何阐释和评价鲁迅的问题上发生的争论分为四个阶段，分别加以探讨。

一、共识：鲁迅的战斗精神、牺牲精神

1936年10月19日，鲁迅逝世，在上海从事地下工作的潘汉年当即报告中共中央。10月20日，毛泽东的名字就出现在上海《日日新闻》上："鲁迅氏的告别礼今明两天中举行，毛泽东也是治丧委员。"[2]冯雪峰说是他在治丧委员会名单里加上了毛泽东的名字，得到了主持丧事的宋庆龄的赞同[3]。10月22日，毛泽

---

[1] 陈小雅：《萧军眼中的毛泽东——读萧军〈延安日记〉》，http://www.aisixiang.com/data/69784-2.html。

[2] 鲁迅纪念委员会编：《鲁迅先生纪念集》，上海书店出版社，1979年，逝世消息摘要，第42页。

[3] 冯雪峰：《鲁迅治丧委员会名单及其他》，鲁迅研究资料编辑部编《鲁迅研究资料》第1辑，文物出版社，1976年。

反帝反封建：新民主主义文化之发展方向

东以中共中央、苏维埃中央政府名义连发两电和一书。一电致国民党中央、国民政府，要求举行国葬；一电致鲁迅的遗孀许广平，称鲁迅为"最伟大的文学家，热忱追求光明的导师，献身于抗日救国的非凡的领袖"[1]。一书是《为追悼鲁迅先生告全国同胞和全世界人士书》，称鲁迅为"中国文学革命的导师，思想界的权威，文坛上最伟大的巨星"，中华民族"最前进最无畏的战士"，其逝世使"中华民族遭受了最巨大的不可补救的损失！"接下来，毛泽东从三个方面阐述了鲁迅不死的战斗精神。

第一，以笔为武器的战斗精神。"他的笔是对于帝国主义汉奸国贼军阀官僚土豪劣绅法西斯蒂以及一切无耻之徒的大炮和照妖镜，他没有一个时候不和被压迫的大众站在一起，与那些敌人作战。他的犀利的笔锐（锋），完美的人格，正直的言论战斗的精神，使那些害虫毒物无处躲避"。

第二，对敌人毫不妥协的精神。"中华民族的死敌，曾用屠杀监禁，禁止发表鲁迅一切文字，禁止出版和

---

[1] 中共中央文献研究室编：《毛泽东年谱（一八九三——一九四九）》上卷，中央文献出版社，2002年，第599页。

第三章 新民主主义文化的内在规律：毛泽东、萧军关于鲁迅的看法与争论

贩卖鲁迅一切著作来威吓他，但鲁迅先生没有屈服，民族的死敌想用'赤化''受苏联津贴'等捏造的罪状来诬陷他，但一切诬陷都归失败，民族的死敌特别是托洛斯基派，想用甘言蜜语来离间他离开大众的救亡阵线，但是鲁迅先生给了他以迎头的痛击。"

第三，号召战斗的精神。鲁迅"永远与人民大众一起与人民的敌人作战，他永远站在前进的一边，永远站在革命的一边，他唤起了无数的人们走上革命的大道，他扶助着青年们，使他们成为像他一样的革命战士"。

这是在日本步步紧逼、中华民族面临生死存亡的紧急关头发出的呼唤。毛泽东"号召全国民众，尤其是文学界，一致起来继续鲁迅先生光荣的事业，继承鲁迅先生的遗志，为中华民族的解放而奋斗，为中国大众的解放而奋斗，为世界和平而奋斗"[1]。

左翼文学刊物上海《作家》于11月15日在第2卷第2期专门发表"哀悼鲁迅先生特辑"，萧军撰写了《本刊献词》。他说：鲁迅是中国灵魂"最忠实的代言

---

[1] 《中国共产党中央委员会中华苏维埃人民共和国中央政府为追悼鲁迅先生告全国同胞和全世界人士书》，《斗争》1936年11月10日第116期。

反帝反封建：新民主主义文化之发展方向

人""新文化的创造者，指导者"；"不仅是一位最伟大的前进的文学家，并且是一位争取民主自由解放的最坚决和最英勇的战士"。他宣布："鲁迅先生的名字将随着中华民族和全人类而永远存在，什么狂风暴雨也剥蚀不掉他在时代的巨碑上凿出的深刻的痕迹。"

萧军也认为鲁迅精神的特质是战斗。他说，鲁迅的"每一个字，每一句话，都是呼喊，都是控诉，都是征讨；也可以说鲁迅先生的全部文学生涯，便是一部充满了血泪的记录，斗争史"。他感叹："工作，工作，鲁迅先生直到死的头一天前还在工作，这是怎样的战士的精神啊！"[1]他还同郭沫若展开了鲁迅精神的讨论。11月初，郭沫若在《不灭的光辉》一文中认为鲁迅的战斗精神是"不朽"，"不朽"是鲁迅"应得的光荣"。萧军致函郭沫若，强调"不妥协"才是鲁迅"生前战斗的精神"，"他一生是在不妥协的为了历史上赋予的任务而战斗。他对于中途上纽绊他的脚的一些可

---

[1] 萧军：《本刊献词》（1936年11月），《萧军全集》第11卷，华夏出版社，2008年，第146页。

第三章 新民主主义文化的内在规律:毛泽东、萧军关于鲁迅的看法与争论

怜的葛籐(藤),(丝)毫没有怜惜的斩除着。"[1]

对比来看,萧军的阐释与毛泽东的基本相同,都强调了战斗和不妥协是鲁迅的精神。萧军也宣布:只有"以高朗的歌唱,结实的步伐,百折不回的意志和不知疲倦的力量向文化的障碍,真理的仇敌战斗,那才算真正的纪念了鲁迅先生"。[2]

1937年10月19日鲁迅逝世一周年之际,又正值中华民族全面抗战的爆发。毛泽东在延安陕北公学的纪念大会上阐述了鲁迅在中国和"中国革命史中所占的地位"。有两点特别值得注意:其一,孔子"是封建社会的圣人",鲁迅"则是现代中国的圣人","是中国的第一等圣人"。其二,鲁迅不但"是一个伟大的文学家",而且"是一个民族解放的急先锋"。虽然他"并不是共产党组织中的一人",但他"是党外的布尔什维克",其"思想、行动、著作,都是马克思主义的"。他"一贯地不屈不挠地与封建势力和帝国主义作坚决的斗

---

[1] 萧军:《致郭沫若君——关于"不灭的光辉"》(1936年11月27日),《萧军全集》第11卷,华夏出版社,2008年,第164页。
[2] 萧军:《本刊献词》(1936年11月),《萧军全集》第11卷,华夏出版社,2008年,第146页。

争"，"近年来站在无产阶级与民族解放的立场，为真理与自由而斗争"。[1]

毛泽东还根据鲁迅所写的三篇文章，第一次阐述了鲁迅的三个特点。

第一是政治远见。毛泽东据《答托洛茨基的信》（写于1936年6月，发表于1937年7月《文学丛报》上），指出：鲁迅"在一九三六年就大胆地指出托派匪徒的危险倾向，现在的事实完全证明了他的见解是那样的准确，那样的清楚"。

第二是斗争精神。毛泽东根据《致萧军、萧红》（写于1934年11月17日，发表于1936年11月上海《作家》月刊上），指出：鲁迅"看清了政治的方向，就向着一个目标奋勇地斗争下去，决不中途投降妥协"。他痛恨那些不彻底的革命者、变节者，并"同这种人做斗争，随时教育着训练着他所领导下的文学青年，教他们坚决斗争，打先锋，开辟自己的路"。

第三是牺牲精神。毛泽东根据《论"费厄泼赖"应该缓行》（写于1925年12月29日，发表于1926年1

---

[1] 毛泽东：《论鲁迅》（1937年10月19日），《毛泽东文集》第2卷，人民出版社，1993年，第42—43页。

第三章 新民主主义文化的内在规律：毛泽东、萧军关于鲁迅的看法与争论

月10日《莽原》半月刊上）指出：鲁迅"一点也不畏惧敌人对于他的威胁、利诱与残害，他一点不避锋芒地把钢刀一样的笔刺向他所憎恨的一切。他往往是站在战士的血痕中，坚韧地反抗着、呼啸着前进。鲁迅是一个彻底的现实主义者，他丝毫不妥协，他具备坚决的心"，主张痛打落水狗。

总之，毛泽东指出这三个特点构成了"鲁迅精神"。他强调："鲁迅的一生就贯穿了这种精神。所以，他在文艺上成了一个了不起的作家，在革命队伍中是一个很优秀的很老练的先锋分子。我们纪念鲁迅，就要学习鲁迅的精神，把它带到全国各地的抗战队伍中去，为中华民族的解放而奋斗！"[1]

有学者认为，萧军1938年3月下旬第一次到延安的两个星期里"读到毛泽东在鲁迅逝世一周年纪念会上的讲话《论鲁迅》，对毛泽东更加尊敬"[2]。尚未找到萧军当时阅读后的评论，只找到他在1978年11月

---

[1] 毛泽东：《论鲁迅》(1937年10月19日)，《毛泽东文集》第2卷，人民出版社，1993年，第43—44页。

[2] 刘忠：《精神界的流浪汉——延安时期的萧军》，《中国现代文学研究丛刊》2007年第6期。

反帝反封建：新民主主义文化之发展方向

18日注释鲁迅1934年11月17日致他和萧红信函时的评语。1978年11月28日，他在注释鲁迅1934年11月20日致他和萧红的信函时又写下了评语。在前一注释中，他在引用毛泽东的话时将"都是马克思主义的"改写为"都是马克思主义化的"，并在下面打上黑点，说："这是否'过誉'了呢？有的人也可能有这种想法，因此很不甘心情愿地让鲁迅先生享有这样的'荣誉'。其实鲁迅先生也从来没标榜过自己是位真正的、百分之百的马克思主义者，甚至还曾坦率地批判过自己相信《进化论》的'偏颇'。"或许是觉得口气太强硬，他在后一注释中稍微改变了一下："鲁迅先生从来没'自封'过、'自诩'过、'自骄'过……自己是'道地的'、'一贯的'、'百分之百的'……马克思主义者，然而毛主席却断然地给他以评价说：'他并不是共产党的组织的一人，然而他的思想、行动、著作，都是马克思主义化的。'"[1]

当然，萧军认为毛泽东的评价是很高的，甚至认为："如果毛主席平时不是对于鲁迅先生做过全面的、

---

[1] 萧军：《鲁迅给萧军萧红信简注释录》，金城出版社、西苑出版社，2011年，第45—46、65—66页。

第三章 新民主主义文化的内在规律:毛泽东、萧军关于鲁迅的看法与争论

深刻的研究,我以为这一评价是不会得出来的。从而也可以这样说,毛主席应该是最理解鲁迅的精神和灵魂,最懂得鲁迅的伟大人格对于中国人民所起的不可估量的影响和价值的唯一的人。因此毛主席曾说过,他的心是与鲁迅相通的……"[1]

在毛泽东所说的三种精神中,萧军非常赞同牺牲精神,说:"这就是亿万中国不愿做奴隶的人民灵魂的象征,这就是亿万中国人民、亿万青年的伟大导师,这就是站在民族、人民大众和敌人斗争最前线的旗手,这就是民族敌人、阶级敌人……时时刻刻要把他置于死地而后快的;他们所视为'眼中钉'、'肉中刺'的'死敌'——鲁迅先生!"[2]他强调说:"鲁迅先生固然不及见到未来的新中国的建立,但是他的精神仍还是和我们和四万万五千万中华民族在一起的,他会指导中华民族向着伟大的目标前进。新中国的建立便是纪

---

[1] 萧军:《鲁迅给萧军萧红信简注释录》,金城出版社、西苑出版社,2011年,第47—48页。

[2] 萧军:《鲁迅给萧军萧红信简注释录》,金城出版社、西苑出版社,2011年,第64页。

二、分歧：鲁迅开辟了什么道路

萧军于 1938 年 3 月 21 日第一次来到延安。毛泽东诚挚欢迎，3 月 29 日在陕北公学演讲中指出："抗日不仅需要大大发展共产党，而且需要非党布尔什维克，例如鲁迅就是非党布尔什维克。"[2] 言下之意，毛泽东希望萧军也作为"非党布尔什维克"，为工农兵服务。但是，萧军反对文艺为政治服务，在欢迎宴会上引用鲁迅 1927 年 12 月 21 日在上海暨南大学所讲《文艺与政治的歧途》中的两句话，即"文艺和政治时时在冲突之中""政治是要维持现状，自然和不安于现状的文艺处在不同的方向"，强调"政治家和文学艺术家不可能互相了解，应该各走各的路"[3]。但是，把这

---

[1] 萧军：《〈鲁迅先生纪念集〉后记》(1937 年 10 月 14 日)，《萧军全集》第 11 卷，华夏出版社，2008 年，第 212 页。
[2] 中共中央文献研究室编：《毛泽东年谱（一八九三——一九四九）》中卷，中央文献出版社，2002 年，第 60 页。
[3] 何其芳：《毛泽东之歌》，《何其芳全集》第 7 卷，河北人民出版社，2000 年，第 425 页。

第三章 新民主主义文化的内在规律:毛泽东、萧军关于鲁迅的看法与争论

两句话的前后句子加上,鲁迅说的是:"我每每觉到文艺和政治时时在冲突之中,文艺和革命原不是相反的,两者之间,倒有不安于现状的同一。惟政治是要维持现状,自然和不安于现状的文艺处在不同的方向。不过不满意现状的文艺,直到十九世纪以后才兴起来,只有一段短短历史。"[1] "倒有不安于现状的同一"当然是指文艺为政治服务,萧军片面引用了鲁迅的话。

毛泽东赞同鲁迅提出的"民族革命战争的大众文学",在1936年11月22日中国文艺协会成立时就号召"发扬苏维埃的工农大众文艺,发扬民族革命战争的抗日文艺"。[2] 毛泽东的讲话虽未提及鲁迅,但是两人都强调了"民族革命战争",鲁迅提出"大众文学",毛泽东提出"工农大众文艺"。1938年4月10日,毛泽东、周恩来领衔发起的鲁迅艺术学院成立,以鲁迅的名字命名,"不仅是为了纪念我们这位伟大的导师,

---

[1] 鲁迅:《文艺与政治的歧途》(1927年12月21日),《鲁迅文集》第7卷,人民文学出版社,2005年,第115页。
[2] 毛泽东:《在中国文艺协会成立大会上的讲话》(1936年11月22日),《毛泽东文集》第1卷,人民出版社,1993年,第462页。

反帝反封建：新民主主义文化之发展方向

并且表示我们要向着他开辟的道路大踏步前进"[1]。这个道路，在《鲁艺艺术公约》中得到说明："不违反新民主主义现实主义的方向"，"不违反民族的、大众的立场"，"不违反艺术上抗日民族统一战线的原则"[2]。

4月28日，毛泽东在鲁迅艺术学院发表讲话，进一步解释了鲁迅"开辟的道路"：

第一，艺术具有阶级性。毛泽东认为，鲁迅是"马克思主义艺术论者"的代表，徐志摩是"艺术至上主义者"的一个代表。"我们在艺术论上是马克思主义者，不是艺术至上主义者。"艺术至上主义"是一种艺术上的唯心论，这种主张是不对的"。

第二，首次提出了鲁迅的方向，就是既要团结一致抗日，又要坚持自己的立场。毛泽东强调：虽然"艺术上每一派都有自己的阶级立场"，但是在日本企图灭亡中国的情况下，正如鲁迅所指出，"不管他是写

---

[1] 《鲁迅艺术学院创立缘起》，刘增杰等编《抗日战争时期延安及各抗日民主根据地文学运动资料》（上），山西人民出版社，1983年，第447页。

[2] 《鲁艺艺术公约》（1941年5月24日），刘增杰等编《抗日战争时期延安及各抗日民主根据地文学运动资料》（上），山西人民出版社，1983年，第452页。

第三章 新民主主义文化的内在规律:毛泽东、萧军关于鲁迅的看法与争论

实主义派或是浪漫主义派,是共产主义派或是其他什么派,大家都应当团结抗日。"虽然"我们是站在无产阶级劳苦大众方面的",但是"我们并不用马克思主义来排斥别人。排斥别人,那是关门主义,不是统一战线。但在统一战线中,我们不能丧失自己的立场,这就是鲁迅先生的方向"。

第三,鲁迅提出要想艺术作品的内容丰富多彩,艺术工作者就要到实际斗争中去。毛泽东批评了"艺术至上主义者"的"作品内容常常是空虚的或者有害的",强调"艺术作品要注重营养,也就是要有好的内容,要适合时代的要求,大众的要求"。他根据鲁迅所说法捷耶夫的《毁灭》里的写作细节,指出:这"告诉我们,大作家不是坐在屋子里凭想象写作的","没有丰富的实际生活经验,无从产生内容充实的艺术作品。要创造伟大的作品,首先要从实际斗争中去丰富自己的经验。"

第四,艺术的语言要大众化。毛泽东指出,虽然"艺术技巧是多方面的,并不只限于语言。但是,对于艺术工作者来说,掌握语言的能力确是非常重要的。我看鲁迅先生便是研究过大众语言的。你们一定要下一

反帝反封建：新民主主义文化之发展方向

番苦工夫去学习和掌握艺术技巧"[1]。

在这里，毛泽东强调了鲁迅"对于艺术的见解是根据民族解放的政治利益的"，一再反对和讥讽"为艺术而艺术"的观点[2]。5月12日，毛泽东在鲁艺总结说："文学艺术是有阶级性的，资产阶级的文学家、艺术家，提倡什么艺术至上，实际上是为资产阶级服务，眼里根本没有工人、农民。无产阶级文学艺术工作者要到革命斗争中去，同时学习人民的语言。"[3]这就是他所说的鲁迅开辟的道路。

按照萧军所称，他是4月底"取道北上来到兰州"[4]。因此，他可能未听到也未读到毛泽东在鲁迅艺术学院的讲话。但是，萧军也阐述了鲁迅开辟的道路。8月9日、10月2日和3日，萧军连续写了三篇文章（统称为《鲁迅先生给中国新兴文学、木刻工作者的路》），

---

[1] 毛泽东：《在鲁迅艺术学院的讲话》（1938年4月28日），《毛泽东文集》第2卷，人民出版社，1993年，第121—125页。

[2] 章欣潮：《怎样走鲁迅先生的路》（1941年10月19日），刘增杰等编《抗日战争时期延安及各抗日民主根据地文学运动资料》（上），山西人民出版社，1983年，第18页。

[3] 艾克恩编纂：《延安文艺运动纪盛》，文化艺术出版社，1987年，第69页。

[4] 《人与人间——萧军回忆录》，中国文联出版社，2006年，第315页。

第三章 新民主主义文化的内在规律:毛泽东、萧军关于鲁迅的看法与争论

从鲁迅与20世纪30年代中国木刻运动兴起与发展的关系上,阐述这条道路是战斗的。

其一,鲁迅是"中国新兴文学以及新兴木刻艺术的奠基者"。"为了中国新兴文学的培植和长成,他尽可能用自己的生命力量战斗着;为了中国新兴木刻艺术的发展和成长,他也是尽可能地用着自己的生命力量战斗着……"总之,"凡是于中华民族有利的,于人类进步有利的",鲁迅"从来没有为自己的生命和力量可惜过,如他自己所说:我是一头牛,吃的是草,挤出来的却是乳和血"[1]。

其二,鲁迅"是一个战斗的标记",留给中国新兴文艺工作者的路就是战斗。鲁迅"和既存的与新兴的封建势力而战","和帝国主义者以及被这些主子们利用着的爪牙们而战","和浅薄的'唯我自尊'的自以为'文学家'而战"。在他那战斗的长矛下,"敌人们纷纷地萎落和退走","我们的路也就是跟着这矛杆的

---

[1] 萧军:《鲁迅先生给中国新兴文学、木刻工作者的路》,《萧军全集》第11卷,华夏出版社,2008年,第265页。

反帝反封建：新民主主义文化之发展方向

方向扩大和伸长着的"[1]。鲁迅开辟的这条路"是广义的，那是：不断地充实自己，不断地消灭敌人，不断地为后来者开辟着前进的路；不断地在这路基上放下坚牢的基石——创作和翻译"。中国新兴文艺工作者要沿着这条路"'不断的'努力，'不断的'使自己的幼稚长大起来，'浅薄'充实起来"[2]。

萧军提到了两个重要领域，即中国新兴文学和新兴木刻艺术，从事这两方面工作的可以统称为中国新兴文艺工作者。"新兴"的含义是：在中华民族面临着空前严重的生存危机之下，鲁迅留给文艺界人士的遗训是"一切艺术全是战斗的，一切艺术全是武器"。他反对资产阶级形式主义艺术，强调形式与内容要统一，木刻因可以直接印刷而被广泛地用于抗日宣传。从这方面，萧军所说的鲁迅的战斗之路与毛泽东所说的鲁迅开辟的道路，具有相同点，都是号召文艺工作者沿着鲁迅的道路为抗日文艺的发展服务。不同的是，毛

---

[1] 萧军：《鲁迅先生给中国新兴文学、木刻工作者的路》，《萧军全集》第11卷，华夏出版社，2008年，第268、268—269、268页。

[2] 萧军：《鲁迅先生给中国新兴文学、木刻工作者的路》，《萧军全集》第11卷，华夏出版社，2008年，第270页。

第三章 新民主主义文化的内在规律:毛泽东、萧军关于鲁迅的看法与争论

泽东强调了文艺的阶级性、政治性和党性,强调了文艺工作者要深入实际斗争去;萧军则否认这些。他当时在国统区,写这三篇文章是宣布他要像鲁迅一样在国统区战斗。他后来将这三篇文章登在1948年8月的《文化报》上,一方面称"从这之中,多少可以看出那时社会的现实,以及我们底文艺工作者们是怎样战斗和行走过来的";一方面说"今天在东北这'木刻的路'似乎还在荒芜着"。[1]

1939年,一方面,毛泽东运用鲁迅的作品人物批评蒋介石。在9月24日与斯诺的谈话中,毛泽东针对蒋介石否认统一战线的存在,指出:"我们从前对于这些人的这样一种态度,称之为阿Q主义,因为在鲁迅先生小说中所描写的那个阿Q,就是天天说自己对、自己胜利,而人家则总是不对、总是失败的。"[2]中国"有那么一小撮人,他们事实上不得不承认统一战线,而在口头上企图否认统一战线。我们叫这些人阿Q主义

---

[1] 萧军:《鲁迅先生给中国新兴文学、木刻工作者的路》,《萧军全集》第11卷,华夏出版社,2008年,第266、265页。

[2] 毛泽东:《同美国记者斯诺的谈话》(1939年9月24日),《毛泽东文集》第2卷,人民出版社,1993年,第239页。

反帝反封建：新民主主义文化之发展方向

者，他们的手段是阿Q主义"[1]。

另一方面，毛泽东阐述了两个重要观点。其一，鲁迅经历了从新文化运动时期的启蒙主义向马克思主义的转变。在5月5日和著名诗人萧三的谈话中，毛泽东指出："《聊斋志异》是封建主义的一种温情主义，作者蒲松龄反对强迫婚姻，主张自由恋爱，反对贪官污吏，但是不反对一夫多妻，他的这种主张在封建社会不能明讲，乃借鬼狐说教。《聊斋志异》其实是一部社会小说。鲁迅把它归入'怪异小说'，是他在接受马克思主义以前的看法，是不正确的。"[2] 其二，关于农民是新民主主义革命的重要力量，鲁迅同中共有差距。11月7日，毛泽东致函周扬指出："鲁迅表现农民着重其黑暗面，封建主义的一面，忽略其英勇斗争、反抗地主，即民主主义的一面，这是因为他未曾经验过农民斗争之故。由此，可知不宜于把整个农村都看作是旧的。所谓民主主义的内容，在中国，基本上即是农民斗争，即过去亦如此，一切殖民地半殖民地亦如

---

[1] 《毛泽东同斯诺谈抗日统一战线》，1985年9月20日《文摘周报》。
[2] 中共中央文献研究室编：《毛泽东年谱（一八九三——一九四九）》中卷，中央文献出版社，2002年，第123页。

第三章　新民主主义文化的内在规律：毛泽东、萧军关于鲁迅的看法与争论

此。现在的反日斗争实质上即是农民斗争。农民，基本上是民主主义的，即是说，革命的，他们的经济形式、生活形式，某些观念形态、风俗习惯之带着浓厚的封建残余，只是农民的一面，所以不必说农村社会都是老中国。在当前，新中国恰恰只剩下了农村。"[1]

在国统区的萧军并不知道毛泽东的上述观点，这成为后来毛泽东与萧军争论的焦点。鲁迅逝世三周年之际，在阐述鲁迅开辟了战斗之路的基础上，萧军进一步说：

其一，鲁迅"是一个伟大的人"，"是用了笔蘸了自己的血来形成他的意义的一个人"。他"以鹰爪似的手指抓紧着现在；以利斧似的笔，批判着过去；以箭一般火炬似的眼睛瞻顾着人类底将来"。他"捧出了自己整个的生命，效忠于我们底民族、效忠于我们底国家、效忠于人类大多数的被压迫者和被剥削者，效忠于我们底人类真正的艺术"。他"仅仅是用了一支笔蘸着自己的血，写出了中华民族深沉的愤怒；写出了中华民族不屈不挠用真正战士的血和骨，填起了战斗大

---

[1] 中共中央文献研究室编：《毛泽东文艺论集》，中央文献出版社，2002年，第259—260页。

反帝反封建：新民主主义文化之发展方向

路的真实的史迹"。[1]

其二，鲁迅精神的基本点是"实践"，"从这实践的精神，形成了他做人和做事的标准"。做人方面，鲁迅"主张刻苦学习，刻苦生活，他自己就是一个稀有的刻苦学习刻苦生活的实践者"；"对于'恶势力'以及浅薄的'幼儿病'倾向者"，他主张战斗，他本人就是"一个战斗的实践者"；对于真正的朋友和友军，他主张"要宽容，要真诚，要负责"，"他本人也就是这样一个实践者"；对于后一代，他主张"要扶助，要喂养，尽可能使他自动地长大和强健起来"，他本人也是这方面的实践者。做事方面，他主张："要想表现现代人的思想，就非得用现代人用的语言和文字组织的形式不可，死的语言，死的形式一定要被否定。他自己就是这样从'死'的群队里奋身而出，为'新'的，为应该肯定的东西，毫无吝惜地，对那'死'的东西的挣扎，给以残酷的回击的实践者。"总之，无论哪方面，鲁迅的精神都"是同一的，那就是'实践'、'实践'、

---

[1] 萧军：《鲁迅先生三周年逝世献言》(1939年10月6日)，《萧军全集》第11卷，华夏出版社，2008年，第403—404页。

第三章 新民主主义文化的内在规律：毛泽东、萧军关于鲁迅的看法与争论

'实践'和不苟！"[1]

其三，提出了鲁迅的战斗精神是"韧"性的，即彻底的。在1938年，萧军就提出："鲁迅先生曾说过：'要忍耐着克服艰难！'就是他所说的，'韧'性战斗的精神。抗战做人都是一样'非到黄河心不死！'才成。"[2] 在这里，萧军进一步强调了鲁迅对敌人"要不妥协，韧性的，不达目的不止地'战斗'"，认为这年纪念鲁迅的特点不同于以往，就是更需要发扬"韧"性的战斗精神，"就是鲁迅先生生前所希求的那种解放中华民族真正的以血肉换血肉的战斗，如今已经超过了二个年头。这之间通过了忍受，通过了牺牲……通过动摇，通过了分裂！现在已经踏上向敌人反攻的胜利路口的第一步了，这也就是发挥鲁迅先生'韧'性战和'打落水狗'的精神最高度的时候"。[3]

总之，萧军强调了鲁迅对于国家和民族的忠诚，

---

[1] 萧军：《鲁迅先生三周年逝世献言》(1939年10月6日)，《萧军全集》第11卷，华夏出版社，2008年，第405—406页。

[2] 萧军：《应该怎样准备我们自己》(1938年)，《萧军全集》第11卷，华夏出版社，2008年，第248页。

[3] 萧军：《鲁迅先生三周年逝世献言》(1939年10月6日)，《萧军全集》第11卷，华夏出版社，2008年，第405、406页。

对于敌人战斗到底的"韧"性精神。他宣布:"鲁迅先生生前没有完成的,我们要完成他(它);没有做到的,我们要做到它;没有发展的,发展它;有缺陷的补足了它,这就是说鲁迅先生给我们作了垫脚石,我们要踏着他的尸身和血迹,开始我们底建设真正文化宝塔的工作罢——这宝塔是他所希望过的。"此外,萧军还专门提到鲁迅的两句名言"横眉冷对千夫指,俯首甘为孺子牛"及"我是一头牛,吃的是草,挤出来的是牛乳和血",认为这是鲁迅对于"后一代喂养的实践底自白"[1]。这与后来毛泽东提出的"孺子牛精神"是不同的。

三、加深:鲁迅的旗手地位与新文化的发展方向

从1939年12月9日在延安各界纪念"一二·九"运动四周年大会上的讲话,到1940年1月的《新民主主义论》,毛泽东阐述了鲁迅作为新民主主义文化旗手的地位。

---

[1] 萧军:《鲁迅先生三周年逝世献言》(1939年10月6日),《萧军全集》第11卷,华夏出版社,2008年,第406、405页。

第三章 新民主主义文化的内在规律:毛泽东、萧军关于鲁迅的看法与争论

其一,鲁迅在国民党政府的文化"围剿"中成为"中国文化革命的伟人"。毛泽东指出:国民党政府对红军的军事"围剿"和文化"围剿"双管齐下,文化"围剿"的"'碉堡'是建筑在学校里、书报杂志上以及社会文教团体里,也大有'稳扎稳打、步步为营'之势"。鲁迅以杂文为战斗武器,抨击时弊,"反对文化'围剿',反对压迫青年思想"。[1] 本来,"共产党在国民党统治区域内的一切文化机关中处于毫无抵抗力的地位",国民党政府的文化"围剿"之所以与军事上的"围剿"同样一败涂地,其原因就在于"共产主义者的鲁迅,却正在这一'围剿'中成了中国文化革命的伟人"[2]。

其二,鲁迅是中国文化新军的旗手、中国文化革命的主将。毛泽东指出:"五四"以后,中国产生了完全崭新的由中国共产党领导的文化生力军,"向着帝国主义文化和封建文化展开了英勇的进攻"。鲁迅,"就是这个文化新军的最伟大和最英勇的旗手。鲁迅是中

---

[1] 毛泽东:《一二九运动的伟大意义》(1939年12月9日),《毛泽东文集》第2卷,人民出版社,1993年,第252页。

[2] 毛泽东:《新民主主义论》(1940年1月),《毛泽东选集》第2卷,人民出版社,1991年,第2版,第702页。

反帝反封建:新民主主义文化之发展方向

国文化革命的主将,他不但是伟大的文学家,而且是伟大的思想家和伟大的革命家"。鲁迅之所以能成为旗手和主将,是因为他"的骨头是最硬的,他没有丝毫的奴颜和媚骨,这是殖民地半殖民地人民最可宝贵的性格";他"是在文化战线上,代表全民族的大多数,向着敌人冲锋陷阵的最正确、最勇敢、最坚决、最忠实、最热忱的空前的民族英雄"。[1] 有学者据此认为:鲁迅的"斗争精神"在《新民主主义论》中发展成为"硬骨头精神[2]。

其三,"鲁迅的方向,就是中华民族新文化的方向。"[3] 毛泽东指出:中国新文化,其性质在"五四"以前是旧民主主义的,以后是新民主主义的,即新民主主义文化。新民主主义文化以民族化、民主化、科学化、大众化四大口号为特征,其中大众化是"鲁迅提

---

[1] 毛泽东:《新民主主义论》(1940年1月),《毛泽东选集》第2卷,人民出版社,1991年,第2版,第698页。

[2] 田刚:《毛泽东与鲁迅:"文艺与政治的歧途"》,《文史哲》2012年第2期。

[3] 毛泽东:《新民主主义论》(1940年1月),《毛泽东选集》第2卷,人民出版社,1991年,第2版,第698页。

第三章　新民主主义文化的内在规律：毛泽东、萧军关于鲁迅的看法与争论

出的口号，我们需要的"[1]。这句话含义丰富，因为鲁迅在1930年的《文艺的大众化》、1932年的《"连环图画"辩护》、1934年的《论"旧形式的采用"》等文中提出：文艺家要创造通俗易懂的大众化作品，就须到工农大众中去，在实践中改造自己的小资产阶级思想，与工农大众打成一片。因此，关向应解释说：毛泽东指出了鲁迅的方向就是中国新文化发展的方向，即"新民主主义现实主义"，也就是"无产阶级领导下的、人民大众的、反帝反封建的文化"[2]。

总之，毛泽东以鲁迅的方向"为中国文化的方向，是他的思想始终忠于人民，是他的行动（笔与文章）始终是对准敌人"[3]。这一定位，迅速在全党贯彻，周恩来在学习中总结了毛泽东论述的含义：第一，鲁迅的地位是毋庸置疑的。"鲁迅成为文化界的主将，不

---

[1] 中共中央文献研究室编：《毛泽东年谱（一八九三——一九四九）》中卷，中央文献出版社，2002年，第151页。

[2] 《关向应同志的讲话》（1940年3月26日），中国人民解放军文艺史料编辑部编《中国人民解放军文艺史料选编》（抗日战争时期）第1册，解放军出版社，1988年，第224页。

[3] 张心如、草明、刘芝明等：《萧军思想批判》，大众书店，1949年，第184页。

反帝反封建：新民主主义文化之发展方向

但我们承认，甚至顽固派也承认，这不是偶然的……他是中国二十年来文化运动的结晶，而不是一个孤立的个人。"第二，"鲁迅的作风"可以概括为四点："一是，对敌人是严的，是一针见血的，绝不姑息的，一贯如此的。二是，对自己也是严的，决不随便饶恕自己，决不骄傲、夸大、苟且，无论在创作上还是生活上。三是，对自己战线内的人是宽的、提携的，不随便挑剔……四是，对叛徒是嫉恶如仇的，是主张肃清内奸的。"[1]

在毛泽东宣布鲁迅为新民主主义文化的旗手之后，萧军于1940年6月15日第二次到延安。他不满毛泽东的定位，说："鲁迅要用自己的能力、利益，帮助党，决不想借党的光，把自己'伟大'起来，以遂自己自私自利的企图。"还说："浅薄，浮夸，自以为革命，这是鲁迅所憎恶的；攀缘附会，不凭自己的能力这是鲁迅所憎恶的"；他"反对分割，曲解，为了自私企图，为了装饰自己，利用鲁迅"。在所指责的人中，

---

[1] 《抗战中的文化工作和文化运动》（1940年8月9日），中共中央文献研究室编《周恩来文化文选》，中央文献出版社，1998年，第20—21页。

第三章　新民主主义文化的内在规律：毛泽东、萧军关于鲁迅的看法与争论

萧军直接点了茅盾的名，对丁玲说茅盾"无论在哪方面也不能和鲁迅比并"，鲁迅"有一种为他的身体所不能包容的精神向四面八方伸出触角，光辉地，坚定地闪耀着！"[1]毛泽东、周扬虽然未被点名，但是显然也在萧军批评之列，因为有人说，"按理萧军是鲁迅的学生，最熟悉鲁迅，也应去'鲁艺'文学系任教为宜"[2]，但是"有关方面""没有同意，便留在文协了"[3]。

到延安两个月后，萧军"想参酌共产党员的修养和怎样做一个共产党员几篇文章"，阐述《鲁迅先生底"品质"和精神》。他重新归纳了鲁迅的精神，包括："实践的精神""不苟的精神""学习的精神""战斗的精神（不为敌人吓破了肝胆，不为胜利冲昏了头脑）""淡泊自奉，敌友分明，功归人，过归己，不恃不求的精神""坦白宽大，临敌临友的精神""尊己尊人的精神（不为人先，不为人后）"。他强调两点："鲁迅虽然不是一个党员，但是他却具备着革命的最高的品质和精

---

[1] 《萧军日记》（1940年8月19日、20日，9月14日），《萧军全集》第18卷，华夏出版社，2008年，第278、283、303页。

[2] 王德芬:《我和萧军风雨50年》，中国工人出版社，2004年，第97页。

[3] 丁玲:《延安文艺座谈会的前前后后》，王海平、张军锋主编《回想延安·1942》，江苏文艺出版社，2002年，第346—347页。

神","鲁迅的精神是每个人的精神,更是每个中国共产党人的精神";"鲁迅的精神才是中国化了的精神"。[1]

由此可见,毛泽东提出鲁迅是"非党布尔什维克",萧军则提出中共、中国均要以他归纳的鲁迅的精神为精神。周恩来点名指出:"学习鲁迅,要学习他的整体,不要只学他的一点一滴就自以为是鲁迅的门徒,这是不对的。如文艺战线上有一位叫雪浪的人,他骂倒一切,只认鲁迅一个人,这也是不对的。"[2]"雪浪"指萧军。

在鲁迅逝世四周年之际,萧军起草的延安各界纪念大会宣言说:"鲁迅是憎恶'腐化堕落'的:我们要坚决肃清一切'官僚主义的倾向';'贪污腐化的现象'。鲁迅是憎恶'狡狯庸俗'的:我们要坚决和自己和别人的'投机取巧','好吃懒做','自私自利'的'市侩主义'斗争——消灭它。鲁迅一生是为大众的:我们要坚决加紧开展'大众文化运动'。鲁迅是恨痛奴隶和奴才的劣根性的:我们要坚决反对'奴化教育'政策

---

[1] 《萧军日记》(1940年8月19日),《萧军全集》第18卷,华夏出版社,2008年,第278页。

[2] 《抗战中的文化工作和文化运动》(1940年8月9日),中共中央文献研究室编《周恩来文化文选》,中央文献出版社,1998年,第21页。

第三章 新民主主义文化的内在规律:毛泽东、萧军关于鲁迅的看法与争论

'汉奸文化'政策,文化上的'复古主义'无原则的'读经'尊孔。鲁迅喜爱自由平等的:我们要坚决现实真正的民主政治,争取真正的宪政实施。鲁迅是主张'团结抗敌'的:我们要坚决反对'分化离间',破坏'抗日统一战线'的倾向和行为。鲁迅是主张'敌友分明'的:我们反对自己倾轧。"[1]

这个宣言进一步体现了萧军眼中的中国精神,集中批评了国民党消极抗日、积极反共,制造皖南事变;也体现了他对延安一些现象的不满。萧军再次以"韧"字阐释了鲁迅的战斗精神,说:"鲁迅的精神是战斗的、实践的,……他反对阿Q式的胜利法!鲁迅的战法是'韧'性的,他反对'脆弱''失望'和'悲观'。鲁迅的血液,没有一滴对敌人中途'妥协投降'的血液!"[2]在后来的文章中,萧军补充说:"鲁迅先生主张韧性战斗,我主张在韧性以外再加一个'弹'字。前者是说

---

[1] 萧军:《鲁迅先生逝世四周年延安各界纪念大会宣言》(1940年9月26日),《萧军全集》第11卷,华夏出版社,2008年,第420—421页。

[2] 萧军:《鲁迅先生逝世四周年延安各界纪念大会宣言》(1940年9月26日),《萧军全集》第11卷,华夏出版社,2008年,第421页。

反帝反封建：新民主主义文化之发展方向

明战斗底质；后者是说明战斗的量。"[1]

1941年1月1日，萧军创办延安鲁迅研究会，编辑《鲁迅研究丛刊》。他在《延安鲁迅研究会启事》《延安鲁迅研究会通知》和《延安鲁迅研究会成立经过》中阐述了如下主张。

其一，希望鲁迅的精神、事业等各方面得到应有的评价。鲁迅"一生最有价值的、最重要的、最要我们承继的成就是些什么，次要的是些什么？它对于中国的影响，对于世界的影响，在中国以及人类历史上应该占的地位"[2]。鲁迅是"我国新文化开辟及建立的最伟大的导师"[3]，"是每一位独立自尊进步的中国人民的鲁迅"[4]。

其二，延安虽然"是中国革命的策源地；抗战主力培植和滋生的地方"，却存在着"错误，不良的倾向，

---

[1] 萧军：《也算试笔》(1941年12月20日)，《萧军全集》第11卷，华夏出版社，2008年，第503页。

[2] 萧军：《延安鲁迅研究会成立经过》(1941年1月15日)，《萧军全集》第11卷，华夏出版社，2008年，第431页。

[3] 萧军：《延安鲁迅研究会启事》(1941年)，《萧军全集》第11卷，华夏出版社，2008年，第444页。

[4] 萧军：《延安鲁迅研究会通知》(1941年)，《萧军全集》第11卷，华夏出版社，2008年，第445页。

第三章 新民主主义文化的内在规律:毛泽东、萧军关于鲁迅的看法与争论

落后意识底残留等等"。要彻底改正,不可能靠"一个'决定',一个'规定',一个'命令',一条'原则'等",只能靠"更深和更韧性的强力的东西来和它战斗"。鲁迅"不仅仅是中国社会的镜子,而且是一具带有紫外线的太阳灯——他照出了中国社会光明的前路,照出了藏在社会每一个龌龊的角落,每一条不被人注意的卑俗的缝际里面所潜藏的恶菌,以及新生的能担当起改变中国命运的苗芽"[1]。

其三,纪念鲁迅,要"多多少少捧出一点成绩来","不然的话,每年纪念会总是那一套——开一个会,讲讲演,发一篇宣言——是没什么意思的。这不独对不起死者和参加开会的人,也真对不起自己的'宣言',那成了撒谎的支票了。"要弄出成绩,就必须加倍认真研究鲁迅作品,"使每个在延安在边区的党人和非党人,能够懂得鲁迅,承继起鲁迅的精神"。"延安不是最尊敬,最肯承继,最懂得鲁迅精神和事业的地方

---

[1] 萧军:《延安鲁迅研究会成立经过》(1941年1月15日),《萧军全集》第11卷,华夏出版社,2008年,第429、428页。

反帝反封建：新民主主义文化之发展方向

么？"[1]

在七七事变爆发四周年之际，萧军著文作了两方面的阐释。一方面，鲁迅精神是他所处的时代决定的，特点是"不苟"与"实践"。鲁迅的生活环境"决定了他一生为被侮辱与被损害的人们而战斗，以至于走向无产大众阵营里来共同向人类底尊严损害者们而战斗"。鲁迅的敌人"不独是贫穷，主要还是那些间接、直接制造贫穷和用贫穷侮辱绞死成千成万中国人民的刽子手们——强盗的帝国主义者们和他们的奴才等辈"。鲁迅少年时代"已经具备了远见的智慧和敢于打破环境的坚决的精神"，他"一直是不断解剖自己、解剖人，补充自己、补充人，按着自己的路向，排击开诸种障碍和敌人，勇猛精进不后退"。鲁迅的精神是："为中华民族的生存、解放、发展而战斗"；"为人类底正义、公理、幸福、自由而战斗。不断解剖自己，鞭策自己；不断解剖敌人，鞭策敌人……。'不苟'与'实践'——这是先生基本的思想和精神，也是先生

---

[1] 萧军：《延安鲁迅研究会成立经过》（1941年1月15日），《萧军全集》第11卷，华夏出版社，2008年，第429页。

第三章 新民主主义文化的内在规律:毛泽东、萧军关于鲁迅的看法与争论

现实思想和精神基本的方法。"[1]

另一方面,鲁迅是文学革命的主将。鲁迅"不独是一个无比坚强的斗士,而且是一位无比的领导的主将,一直高举着战斗底旗"。《狂人日记》和《阿Q正传》"给中国新文艺奠放下第一排不可动摇的基石",鲁迅自己在选编《中国新文学大系》小说二集的《序言》中说:"在这里发表创作短篇小说的,是鲁迅。从一九一八年五月起,《狂人日记》,《孔乙己》,《药》等,陆续地出现了,算是显示了'文学革命'的实绩。"[2]

萧军在写完这篇文章后说"心里感到一阵轻松,又算完了一笔债"。"一笔债"大概指他了却了重新对鲁迅定位的心愿,他在完成此文后的第二天即7月18日即对毛泽东谈了鲁迅对其影响和鲁迅的战斗精神。此外,阐述鲁迅的时代与精神是表述他自己的时代和价值。他在1942年2月7日的日记中写道:"鲁迅与我们的时代不同,他是结果,我是开始。在

---

[1] 萧军:《时代——鲁迅——时代》(1941年7月16日),《萧军全集》第11卷,华夏出版社,2008年,第463、464、463、473页。

[2] 萧军:《时代——鲁迅——时代》(1941年7月16日),《萧军全集》第11卷,华夏出版社,2008年,第467、468、471页。

反帝反封建:新民主主义文化之发展方向

方法上,我有一些一定要反其道而行,不然那就妨碍了这时代。我的先生他是伟大的,我无可能企及的,但是他的精神和事业,只有我能发扬和继承他。"在2月17日的日记中进一步说:"我是新生的力量底代表者,中国鲁迅这转轴人底承继者,从对国家民族的意义上讲,没有作家能够和我相比的。我不独是这民族解放第一个点起鲜明火把的人,而且还是个战略指导者,我不愿在这里谦卑,我是这古老的伟大的民族一朵伟大的鲜花,无论他们怎样没(漠)视我,冷淡我,我却懂得我自己的价值的。……我具备着马克思、列宁、鲁迅、托尔斯泰这些伟大人物的某部分品质,我有着一种释迦牟尼,耶稣,摩西,穆罕默德等人物对人类负责的精神。我将要慢慢完成这品质和精神。"[1]

因为这些观点,萧军的文章遭到激烈的批评。有人批评萧军在纪念鲁迅的会上"竟把鲁迅和孔子相比了。孔子怎能和鲁迅相比?"并批评他"目中,没有

---

[1] 《萧军日记》(1941年7月16日,1942年2月7日、17日),《萧军全集》第18卷,华夏出版社,2008年,第470、563、568—569页。

第三章 新民主主义文化的内在规律：毛泽东、萧军关于鲁迅的看法与争论

斯大林、毛主席"[1]。或许是认为不提毛泽东不恰当，萧军在1941年9月25日的《两本书的"前记"》一文中首次把毛泽东、朱德和鲁迅并立，说：

鲁迅、朱德、毛泽东是"三位最伟大的'现实主义者'"。"他们出生的年代是相近的；背负着的历史底命运是相同的，最主要还是他们的共同的目的——为民族、为人类——现实主义'韧'性的战斗法。他们有一面共同的旗帜——为民族、为人类——也有各自的旗帜，各自的队伍：——中国新文化底战斗者们；中国最革命的军队；中国最革命的'党'。"

萧军把鲁迅称为中国新文化的总司令，朱德为中国革命军队的总司令，毛泽东为中国革命政党的领袖，并认为："这是一条不能够破分的三股绳"，"中华民族的运命是系在这条绳的上面的；世界的和平，人类最崇高的理想底实现，如果愿意夸张一点说，——那也要决定于这条伟大的绳的。"他们三人"是民族的光

---

[1] 萧军：《再"说起"》(1941年1月25日)，《萧军全集》第11卷，华夏出版社，2008年，第440页。

反帝反封建:新民主主义文化之发展方向

荣,也是人类的光荣"[1]。

但是,文中有两点不同于前述毛泽东的阐释。其一,现实主义。萧军认为:"所谓'现实主义',它既不脱离现实,也不拘泥于现实;不独反映了现实,更可贵的,还是在它有指导现实的本领和作用现实的力量。"其二,鲁迅指引的新文化方向。萧军说:"鲁迅先生留给我们的产业是他的二十部全集;留给我们的理想是怎样把自己的民族从奴隶和奴才的地位提到一个真正'人'的地位;把人类从半虫豸的地位提到人的地位。……留给我们的事业,就是:中国新文化底开展和提高。"[2]

这样,萧军完成了针对毛泽东在《新民主主义论》中对鲁迅定位的定位。

在此过程中,萧军还借鲁迅名义批评延安的一些现象,声称要以杂文来同延安的"黑暗"战斗。比如,他批评"延安的小小鬼和大小鬼"现象,称在延安作

---

[1] 萧军:《两本书的"前记"(二)》(1941年9月25日),《萧军全集》第11卷,华夏出版社,2008年,第489页。

[2] 萧军:《两本书的"前记"(二)》(1941年9月25日),《萧军全集》第11卷,华夏出版社,2008年,第489、490页。

第三章　新民主主义文化的内在规律：毛泽东、萧军关于鲁迅的看法与争论

勤务的"小鬼"不知有多少，说鲁迅最关心"小鬼"，"是为了小鬼而工作，而生活"，指责有人"为了自己一时方便竟把腐化社会里所有的奴化的毒素也来浸蚀这些孩子们的生命了！"[1] 有人就此批评指出："这些人来到延安，带来了从鲁迅书中得到的左倾态度，带来了反对国民党，拥护苏联和拥护共产党的态度，这当然很好。可是他们同时也带来了从鲁迅书中得到的批判精神，有些人还带来了从鲁迅学到的写杂文的本领。这可是成了问题了。"[2]

四、对立：文艺为工农兵服务与鲁迅是转变还是发展的问题

毛泽东注意到萧军对鲁迅的看法和以杂文暴露延安"黑暗"两者交织在一起的问题。这个问题和当时延安文艺界存在的其他问题如果不加以克服，则"对抗战和革命事业是不利的，也阻碍着文艺本身的发

---

[1] 萧军：《纪念鲁迅：要用真正的业绩！》（1941年10月17日），《萧军全集》第11卷，华夏出版社，2008年，第492、494页。

[2] 朱正：《鲁迅的一世纪》，《炎黄春秋》2007年第9期。

反帝反封建：新民主主义文化之发展方向

展"[1]，毛泽东决定召开延安文艺座谈会加以解决。这样，就从对鲁迅全面的阐释与定位，转到以文艺为中心上来。毛泽东新的阐释与定位，开始于《反对党八股》，结束于《在延安文艺座谈会上的讲话》。

由于延安文艺界存在的杂文也被视为一种"党八股"，《反对党八股》的中心就是强调"反对新旧八股是鲁迅作品里一贯的精神"。1942年2月8日，毛泽东在延安干部会议上根据鲁迅的《伪自由书·透底》一文指出："党八股也就是一种洋八股。这洋八股，鲁迅早就反对过的。"[2]《伪自由书·透底》批评说，"八股原是蠢笨的产物"，"只会'辱骂''恐吓'甚至于'判决'，而不肯具体地切实地运用科学所求得的公式，去解释每天的新的事实，新的现象，而只抄一通公式，往一切事实上乱凑"，"这样的八股，无论新旧，都应当扫荡"。[3]

---

[1] 胡乔木：《胡乔木回忆毛泽东》，人民出版社，1994年，第257页。

[2] 毛泽东：《反对党八股》（1942年2月8日），《毛泽东选集》第3卷，人民出版社，1991年，第2版，第845、830页。

[3] 鲁迅：《伪自由书·透底》（1933年4月19日），《鲁迅全集》第5卷，北京日报出版社，2014年，第109、111、112页。

第三章 新民主主义文化的内在规律：毛泽东、萧军关于鲁迅的看法与争论

毛泽东进而指出党八股罪状之一是"装腔作势，借以吓人"，"鲁迅曾经批评过这种人，他说：'辱骂和恐吓决不是战斗。'""残酷斗争"、"无情打击"，"用了对付敌人或敌对思想是完全必要的，用了对付自己的同志则是错误的。"毛泽东还引用鲁迅复北斗杂志社讨论怎样写文章的一封信，强调了几点：要"留心各样的事情，多看看"，不要"只看到一点就写"；提起笔来就"硬写"是不负责任的态度，事先要调查，要研究；"文章是客观事物的反映，而事物是曲折复杂的，必须反复研究，才能反映恰当"；"不生造除自己之外，谁也不懂的形容词之类"。他批评说："许多口口声声拥护鲁迅的人们，却正是违背鲁迅的啊！"[1]

苏联派驻延安的代表认为："很明显，这个报告是针对中共干部中的某一派人的。"[2] "某一派"指王明，萧军也说毛泽东"很精彩和很恳切骂了这些用党八股的人是鬼风，阴风，狗叫"。[3] 但是，"许多口口声声

---

[1] 毛泽东:《反对党八股》(1942年2月8日),《毛泽东选集》第3卷，人民出版社，1991年，第2版，第834—835、843—844页。
[2] 〔苏〕彼得·弗拉季米洛夫著，周新译:《延安日记》，东方出版社，2003年，第37页。
[3] 《人与人间——萧军回忆录》，中国文联出版社，2006年，第362页。

拥护鲁迅的人们"并不包括王明,而是指萧军等人。

如果说《反对党八股》主要针对的是杂文现象,《在延安文艺座谈会上的讲话》要解决的则是文艺工作者和工农兵结合的问题。毛泽东引用鲁迅的话阐述了如下观点:

其一,文艺具有阶级性。毛泽东指出:"文艺是为资产阶级的,这是资产阶级的文艺。像鲁迅所批评的梁实秋一类人,他们虽然在口头上提出什么文艺是超阶级的,但是他们在实际上是主张资产阶级的文艺,反对无产阶级的文艺的。""现阶段的中国新文化,是无产阶级领导的人民大众的反帝反封建的文化。真正人民大众的东西,现在一定是无产阶级领导的。资产阶级领导的东西,不可能属于人民大众。新文化中的新文学新艺术,自然也是这样。"[1]

其二,文艺是为工农兵服务的。鲁迅在《二心集·对于左翼作家联盟的意见》指出:"联合战线是以有共同目的为必要条件的。……我们战线不能统一,就证明我们的目的不能一致,或者只为了小团体,或者还其

---

[1] 毛泽东:《在延安文艺座谈会上的讲话》(1942年5月),《毛泽东选集》第3卷,人民出版社,1991年,第2版,第855页。

第三章 新民主主义文化的内在规律:毛泽东、萧军关于鲁迅的看法与争论

实只为了个人。如果目的都在工农大众,那当然战线也就统一了。"毛泽东据此强调:"我们鼓励革命文艺家积极地亲近工农兵,给他们以到群众中去的完全自由,给他们以创作真正革命文艺的完全自由。"革命的文艺家"必须长期地无条件地全心全意地到工农兵群众中去,到火热的斗争中去,到唯一的最广大最丰富的源泉中去,观察、体验、研究、分析一切人,一切阶级,一切群众,一切生动的生活形式和斗争形式,一切文学和艺术的原始材料,然后才有可能进入创作过程",否则"就只能做鲁迅在他的遗嘱里所谆谆嘱咐他的儿子万不可做的那种空头文学家,或空头艺术家"[1]。这样,毛泽东将鲁迅提出的"民族革命战争的大众文学"发展成为文艺是为工农兵服务的。

其三,为人民服务要有"孺子牛精神"。毛泽东引用鲁迅的两句名诗"横眉冷对千夫指,俯首甘为孺子牛"指出,鲁迅把自己比作"牛"——为劳苦大众服务的"牛"。毛泽东强调:"既然必须和新的群众的时代相结合,就必须彻底解决个人和群众的关系问题",

---

[1] 毛泽东:《在延安文艺座谈会上的讲话》(1942年5月),《毛泽东选集》第3卷,人民出版社,1991年,第2版,第857—858、861页。

反帝反封建：新民主主义文化之发展方向

"一切共产党员，一切革命家，一切革命的文艺工作者，都应该学鲁迅的榜样，做无产阶级和人民大众的'牛'，鞠躬尽瘁，死而后已"。[1]

毛泽东继续批评"还是杂文时代，还要鲁迅笔法"，强调杂文是需要，但要看对象，指出："鲁迅处在黑暗势力统治下面，没有言论自由，所以用冷嘲热讽的杂文形式作战，鲁迅是完全正确的。我们也需要尖锐地嘲笑法西斯主义、中国的反动派和一切危害人民的事物"。但是在抗日根据地，革命文艺家享有充分的民主自由，"杂文形式就不应该简单地和鲁迅的一样"。对于人民的缺点需要批评，"但必须是真正站在人民的立场上，用保护人民、教育人民的满腔热情来说话。如果把同志当作敌人来对待，就是使自己站在敌人的立场上去了"。[2]

毛泽东从鲁迅的角度对讲话作了总结："延安文艺界中小资产阶级自由主义浓厚。现在很多作品描写的

---

[1] 毛泽东:《在延安文艺座谈会上的讲话》(1942年5月),《毛泽东选集》第3卷，人民出版社，1991年，第2版，第877页。

[2] 毛泽东:《在延安文艺座谈会上的讲话》(1942年5月),《毛泽东选集》第3卷，人民出版社，1991年，第2版，第872页。

第三章 新民主主义文化的内在规律：毛泽东、萧军关于鲁迅的看法与争论

是小资产阶级，对小资产阶级同情。鲁迅的《阿Q正传》是同情工农的，与延安文艺界不同。必须整顿文风，必须达到文艺与群众结合。"[1] 5月28日，毛泽东强调："文艺是一支军队，它的干部是文艺工作者。它还要有一个总司令，如果没有总司令，它的方向就会错的。鲁迅、高尔基就相当于总司令，他们的作品，他们说的话，就当作方向的指导。""我们要特别注意让那些成名的、有成绩的作家了解，来推动整个文艺工作朝这个方向进行，以有利于民族，有利于工农兵。"[2] 因此，有学者认为：座谈会某种程度上就是针对鲁迅的弟子丁玲、萧军、吴奚如等人而来[3]。

萧军认为毛泽东的讲话就"是针对他的"[4]，于是引用鲁迅的话阐述了自己的观点：

其一，文艺具有独立性，反对文艺为工农兵服务。

---

[1] 中共中央文献研究室编：《毛泽东年谱（一八九三——一九四九）》中卷，中央文献出版社，2002年，第381页。

[2] 毛泽东：《文艺工作者要同工农兵相结合》(1942年5月28日)，《毛泽东文集》第2卷，人民出版社，1993年，第431页。

[3] 田刚：《延安文艺座谈会上的"鲁迅"》，《国际鲁迅研究》辑刊一，2013年7月。

[4] 蓝棣之：《毛泽东心中的鲁迅》，《南方文坛》2001年第2期。

反帝反封建：新民主主义文化之发展方向

萧军宣称："红莲、白莲、绿叶是一家；儒家、道家、释家是一家；党内人士、非党人士、进步人士是一家；政治、军事、文艺也是一家。既然各是一家，它们的辈分是平等的，谁也不能领导谁。我们革命，就要像鲁迅先生那样，将旧世界砸得粉碎，绝不写歌功颂德的文章。"[1]

其二，"杂文还废不得"。萧军说，杂文同毕生战斗的鲁迅的名字分不开，它在鲁迅手中"担负起对整个社会的污暗面几乎全面战斗的任务"。鲁迅以之为武器，把"脖子上挂着小铃铎的'山羊'以及叭儿狗、癞皮狗以及善于变化的魑、魅、魍、魉之类，追杀得上天无路"。针对毛泽东对堆砌形容词的批评，萧军回答："鲁迅先生底杂文中，有些地方不得已的'咬文嚼字'、'拐弯抹角'、'引经据典'、'文白混用'，或者故意'含糊其词'……这是不能取法的，这也只是在先生底年代那环境的产物，连先生自己也认为诟病的。我们如今只是在'需要'的时候才能够用一用它。

---

[1] 中国人民政治协商会议延安市政协文史与学习委员会编：《延安文史》第11辑《延安岁月》（下），延安现代彩色制版印务有限公司2008年印制，第444页。

第三章 新民主主义文化的内在规律:毛泽东、萧军关于鲁迅的看法与争论

我们所主要该学的,却是那及时磨练武器的精神,精通武艺的精神,临敌无前的精神……。"总之,萧军强调了"我们不独需要杂文,而且很迫切。(因为)那可羞的'时代'不独没过去,而且还在猖狂"[1]。

由于萧军在座谈会上说"鲁迅一直是革命的,并没有什么转变"[2],争论从关于鲁迅眼中的文艺与政治关系的问题转到此问题上来。胡乔木反驳说,鲁迅是"转变"的,即是说,鲁迅最初是进化论的信奉者,在中国共产党成立之后转变到无产阶级的立场上来,确信"唯有新兴的无产者才有将来!"[3]胡乔木所说,显然是毛泽东的观点。在5月23日致函胡乔木强调鲁迅是发展的之后,萧军于5月24日直接对毛泽东说已要求胡乔木说明为何说"鲁迅是'转变'的"。这是公开指责毛泽东,因而毛泽东"的脸色起始是很难看",

---

[1] 萧军:《杂文还废不得说》(1942年5月14日),《萧军全集》第11卷,华夏出版社,2008年,第550、551、553、551页。

[2] 《1942年延安文艺座谈会片段:萧军发言遭胡乔木反驳》,中国新闻网,http://www.chinanews.com/cul/2014/10-24/6714034.shtml。

[3] 罗竹风:《论中国文学的鲁迅方向》(1943年9月),刘增杰等编《抗日战争时期延安及各抗日民主根据地文学运动资料》(下),山西人民出版社,1983年,第78页。

反帝反封建：新民主主义文化之发展方向

"说'转变'与'发展'没有区别"。萧军则反复解释，说毛泽东最终"也承认应有区别"[1]。

在5月26日与胡乔木的交谈中，萧军一方面承认"从鲁迅的思想过程说，他是由进化论走到唯物辩证论；从政治主张，他是由积极的民主主义走向共产主义"，这在一定程度来说就是"转变"。但在另一方面，萧军从几个角度强调鲁迅并非是"转变"而是"发展"：其一，无论是做人、做事还是写作，鲁迅"一直是把握着现实主义"，而"他的现实主义手法是一种科学"；其二，进化论和辩证唯物论并非绝对不同，鲁迅的民主政治"并不是资产阶级民主政治"，"事实他是一步不曾放松过走着革命的路的"。萧军责问："有些人想割断鲁迅前面的历史"，才故意说鲁迅是"转变"，难道"我们"也要这样么？他强调："固然，在发展了是包含着转变，但从积极意义说'转'是方向不同；'变'是质不同……如果按你所说'转变'是那样解释，那么毛泽东也是个转变，马克思，列宁全是个转变……"萧军称：胡乔木经过其驳诘，承认"鲁迅在大的方向

---

[1] 《萧军日记》(1942年5月25日)，《萧军全集》第18卷，华夏出版社，2008年，第633页。

第三章 新民主主义文化的内在规律：毛泽东、萧军关于鲁迅的看法与争论

是发展，在过程某阶段中是'转变'"[1]。

5月29日，萧军建议毛泽东"有暇可读读"《列宁论高尔基》《高尔基论列宁》《一个叛逆者的画像》《鲁迅的日常生活》《鲁迅与尼采》等文。他特别强调《鲁迅与尼采》"关于鲁迅底'发展'或'转变'问题"[2]说得较好，要求毛泽东读完后也给胡乔木读一读。在致胡乔木函中，萧军说阅读此文"对我们理解鲁迅先生甚有帮助"[3]。

6月10日，萧军又致胡乔木，强调他和胡乔木关于鲁迅的前期的看法根本上并无不同。胡乔木认为鲁迅"前期部分上是转变，全程看来是发展"。萧军也认为鲁迅"思想上，所属阶级成分上不是一贯无产阶级的"，同意胡乔木所说鲁迅"由这一阶级（即小资产阶级）转到那一阶级（即无产阶级）"，但是认为有人企图以"转变"一词来否认鲁迅前期革命的历史，因而

---

[1] 《萧军日记》(1942年5月26日)，《萧军全集》第18卷，华夏出版社，2008年，第635页。
[2] 《萧军致毛泽东的信》(1942年5月29日)，《萧军全集》第16卷，华夏出版社，2008年，第327页。
[3] 《萧军致胡乔木的信》(1942年5月29日)，《萧军全集》第16卷，华夏出版社，2008年，第159页。

反帝反封建：新民主主义文化之发展方向

强调从"一贯实践的过程、主张，等来观察"，鲁迅"是全程革命的"。萧军还再次强调了前期的鲁迅在"政治上是积极的民主主义者"；"思想上主要是进化论者"，而进化论是辩证唯物论的一个"侧面"；在处事和创作的方法上"是接近科学的现实主义者"。

萧军从两方面来论证鲁迅是"发展"的。一方面，就各阶级的政治立场来说，"从那时（即新文化运动前后）到现在中国的资产阶级它本身在某种程度上，也还是革命的。至于大部小资产阶级几乎和革命中的工农大众结了血缘，这也因为中国社会特殊性的缘故。从此意义来说，恐怕凡参加无产阶级革命的小资产阶级全要在客观上经过这'转变'罢？即使是原属工农大众，因为受了封建社会和资本主义社会的影响，在真正接受无产阶级革命观点上来说，恐怕也应该是一个'转变'吧？"另一方面，就鲁迅本人来说，他"是很少有过积极地、主观地支持过中国资产阶级退步一面的"。他"接受无产阶级的革命观点，是渐进的，不是一下子"，不能要求鲁迅的立场一开始就是无产阶级的，即使在中国共产党成立的前一年，"俄国的革命正在世界不知真相中，中国的正式共产党也没成立，

第三章 新民主主义文化的内在规律：毛泽东、萧军关于鲁迅的看法与争论

无疑的鲁迅先生对于中国的真正前路也还不能够确定和清楚，这也是当然的"。[1]

在萧军向毛泽东推荐的文章中，《鲁迅与尼采》一文可能是王元化 1939 年发表的那篇文章。王元化认为："初期的鲁迅是一个激进的民主主义者"，"代表当时向上发展的市民阶层的意识形态"；尼采则"正是反动的贵族阶级的代言人"[2]。萧军进而说，他赞同胡乔木关于尼采对鲁迅有影响的看法，因为"一种思想底产出（不管好坏）总有它现实的基础，尼采底时代和先生底时代几乎是一半同时的（尼采生殁于 1844—1900；先生生殁于 1881—1936），即使他主观上不接近（何况先生还译过尼采的作品），客观上也一定要多少存在一些的，因为人究竟是历史和环境的产物"。但是，萧军认为："①鲁迅与尼采仅是在历史上某阶段一刹那的相遇，马上就各自走向了自己的方向——向上的；堕落的。②尼采是以种族斗争代替阶级斗争

---

[1]《萧军致胡乔木的信》（1942 年 5 月 29 日），《萧军全集》第 16 卷，华夏出版社，2008 年，第 160 页。

[2] 王元化：《鲁迅与尼采》，李长之、艾芜等著，孙郁、张梦阳编《吃人与礼教——论鲁迅（一）》，河北教育出版社，2000 年，第 64 页。

的。他所说的人性是'静'的，站在德国的与封建势力结托的资产阶级上，代表大地主极端反动的贵族主义的，走向'破灭'的一闪的磷光。鲁迅先生却与他相反。③进化论是辩证唯物论统一中一个《侧面》：前者在说明自然法则；后者并说明社会进化法则的特殊性全部。"[1] 总而言之，萧军强调鲁迅是"发展"的。

可见，关于鲁迅是发展还是转变的争论较为激烈。毛泽东强调鲁迅是转变的原因，正如当时中共华中地委宣传部长李守章体会指出：中国新文化运动的发展分作三个阶段。1919 至 1927 年为第一阶段，新文化运动已初步奠定反封建文化的基础。1927 至 1941 年为第二阶段，文化阵营剧烈分化，一部分知识分子搞复古、复辟，统治阶级搞文化黑暗统治，鲁迅从黑暗中冲出来，充当这一阶段新文化运动发展的旗手，提出工农大众民族解放文学。第三阶段以毛泽东发表讲话为起点，表现为新民主主义文化运动，毛泽东是新

---

[1]《萧军致胡乔木的信》(1942 年 5 月 29 日)，《萧军全集》第 16 卷，华夏出版社，2008 年，第 160—161 页。

第三章 新民主主义文化的内在规律:毛泽东、萧军关于鲁迅的看法与争论

阶段文化运动的旗帜。[1]难怪萧军坚决反对毛泽东认为鲁迅从新文化运动时期的启蒙主义者转变为新民主主义文化的旗手,竭力说进化论就是辩证唯物论的一个"侧面"。尽管如此,毛泽东、萧军关于鲁迅的阐释与争论可以说到此结束,从1942年起中国的文学艺术就是沿着鲁迅所开创的,毛泽东所加以提高和发展的这条革命现实主义的航道前进的。[2]

总之,在陕北根据地,如何定位鲁迅精神,毛泽东和萧军分别发表过各自的见解,也曾在某些问题上出现了争论,这说明两人在如何建设新民主主义文化的问题上有不同的理解。其一,毛泽东和萧军都相信对敌战斗到底是鲁迅精神的重要内容,不同的是,萧军认为对革命阵营里的"黑暗"也要进行战斗。其二,毛泽东认为,鲁迅"是党外的布尔什维克";萧军则提出,中国共产党要以鲁迅精神为精神。其三,毛泽东在鲁迅提出的"民族革命战争的大众文学"基础上

---

[1] 李守章:《中国新文化运动的三阶段》(1945年5月10日),刘增杰等编《抗日战争时期延安及各抗日民主根据地文学运动资料》(下),山西人民出版社,1983年,第232—235页。

[2] 欧阳山:《我的文学生活》,艾克恩编《延安文艺回忆录》,中国社会科学出版社,1992年,第70页。

提出了文艺为工农兵服务的主张；萧军则认为，鲁迅强调的是文艺的"独立性"。其四，毛泽东认为，鲁迅有一个从进化论者向唯物辩证论者，由民主主义者向共产主义者转变的过程；萧军不承认鲁迅有这个"转变"，他认为鲁迅一直是发展的、革命的。这场争论属于革命阵营内部的观点之争，毛泽东主张建设人民大众的反帝反封建的文化，文艺要为工农兵服务；萧军则强调要建设抗日民族战争的文化，文艺与政治要分开。

结　语

众所周知，高举民主和科学这两面旗帜的五四新文化运动，以1917年十月革命为界线，分为前后两个阶段。在十月革命前，中国主要是学习马克思主义之外的其他西方文化。十月革命的一声炮响，给中国送来了马克思列宁主义，相当一部分知识分子从学习一般的西方文化，转到学习和介绍马克思主义思想。这是中国文化思想史上质的发展，中国正是从此"产生了完全崭新的文化生力军，这就是中国共产党人所领导的共产主义的文化思想，即共产主义的宇宙观和社会革命论"。而这个文化生力军自从登上政治舞台后，"就以新的装束和新的武器，联合一切可能的同盟军，摆开了自己的阵势，向着帝国主义文化和封建

反帝反封建：新民主主义文化之发展方向

文化展开了英勇的进攻"。[1]经过长时期的探索和实践，到抗日战争时期，中国共产党提出了"民族的科学的大众的文化"的概念。

最早提出的概念是"民族的民主的科学的大众的"文化。张闻天1940年1月5日在陕甘宁边区文化界救亡协会第一次代表大会上作《抗战以来中华民族的新文化运动与今后任务》的讲话，提出中华民族的新文化就是"民族的民主的科学的大众的"文化。接着，他对这一概念作了简要说明：第一，这个文化是民族的。在抗日战争的背景下，它主张"抗日第一，反帝、反抗民族压迫"，主张"民族独立与解放，提倡民族的自信心，正确把握民族的实际与特点"。第二，这个文化是民主的，即"反封建、反专制、反独裁、反压迫人民自由的思想习惯与制度，主张民主自由、民主政治、民主生活与民主作风"。第三，这个文化是科学的，即"反对武断、迷信、愚昧、无知，拥护科学真理，把真理当做自己实践的指南，提倡真能把握真理的科学与科学的思想，养成科学的生活与科学的工

---

[1] 毛泽东：《新民主主义论》（1940年1月），《毛泽东选集》第2卷，人民出版社，1991年，第2版，第697页。

结　语

作方法"。第四，这个文化又是大众的，即"反对拥护少数特权者压迫剥削大多数人、愚弄欺骗大多数人、使大多数人永远陷于黑暗与痛苦的贵族的特权者的文化，而主张代表大多数人民利益的、大众的、平民的文化，主张文化为大众所有，主张文化普及于大众而又提高大众"。

可见，张闻天强调这个文化对外反对侵略，反对民族压迫，对内反对独裁专制，争取民主自由，同时提倡科学。因此，他强调"为抗战建国服务，以民族的、民主的、科学的与大众的因素作为自己内容的中华民族新文化的性质，基本上是民主主义的"。[1]

紧接着，毛泽东1月9日在大会上作《新民主主义的政治与新民主主义的文化》的讲演，从政治、经济和文化的统一的角度，把反帝反封建的新民主主义的文化概括为"民族的科学的大众的文化"。他指出：其一，新民主主义文化是民族的，因为"它是反对帝国主义压迫，主张中华民族的尊严和独立的。它是我们这个民族的，带有我们民族的特性。它同一切别的

---

[1] 张闻天：《抗战以来中华民族的新文化运动与今后任务》（1940年1月5日），《张闻天选集》，人民出版社，1985年，第252—253、254页。

反帝反封建：新民主主义文化之发展方向

民族的社会主义文化和新民主主义文化相联合，建立互相吸收和互相发展的关系，共同形成世界的新文化；但是决不能和任何别的民族的帝国主义反动文化相联合，因为我们的文化是革命的民族文化"。在这里，毛泽东既强调新民主主义文化的民族特色，又强调它"同一切别的民族的社会主义文化和新民主主义文化相联合"。既体现了中华民族文化的特殊性，又反映了世界文化的融合性。

其二，"这种新民主主义的文化是科学的"，因为"它是反对一切封建思想和迷信思想，主张实事求是，主张客观真理，主张理论和实践一致的。在这点上，中国无产阶级的科学思想能够和中国还有进步性的资产阶级的唯物论者和自然科学家，建立反帝反封建反迷信的统一战线；但是决不能和任何反动的唯心论建立统一战线"。可见，毛泽东一方面强调了新民主主义文化的反封建反迷信的科学性，又强调了它反对唯心论的革命性。

其三，"这种新民主主义的文化是大众的，因而即是民主的。它应为全民族中百分之九十以上的工农劳苦民众服务，并逐渐成为他们的文化"。显然，毛

结　语

泽东在这里指出了"大众"是指"全民族中百分之九十以上的工农劳苦民众",新民主主义文化必须成为他们的文化。由于他们占全民族中百分之九十以上,建设这种文化,当然是最广泛的民主。

总而言之,毛泽东非常强调新民主主义文化的民族性、科学性、大众性,指出"民族的科学的大众的文化,就是人民大众反帝反封建的文化,就是新民主主义的文化,就是中华民族的新文化"[1]。

一方面,从表面上来看,毛泽东概括了三个特点,即"民族的""科学的"和"大众的"。张闻天概括了四个,即"民族的""民主的""科学的"和"大众的",多了一个"民主的"。实际上,两人的概括是一样的,因为毛泽东强调说"新民主主义的文化是大众的,因而即是民主的",等于将张闻天所讲的"民主的""大众的"概括为"大众的"这一个。

另一方面,毛泽东和张闻天的概括,继承和发展了五四新文化运动中所提的两大口号,即科学和民主。强调新民主主义文化既是科学的,民主的,这是继承;

---

[1] 毛泽东:《新民主主义论》(1940年1月),《毛泽东选集》第2卷,人民出版社,1991年,第2版,第706、707、707—708页。

反帝反封建：新民主主义文化之发展方向

又是民族的、大众的，这是发展。于此可见，毛泽东、张闻天对新民主主义文化特点的论述，深刻体现了抗战背景下的中国共产党的文化主张。

从意识形态的角度来说，"人民大众的反帝反封建的文化"，是一种在内容与形式上都与以往不同的中国新文化。毛泽东深入研究了五四新文化运动后中国文化的发展规律，紧紧抓住"大众"的时代内涵，对中国新文化反帝反封建的根本属性、具有中国作风和中国气派的民族形式作了深刻的阐述，号召革命的知识分子到大众中去为建设人民大众的文化而奋斗。这样，中国新文化的发展进入了前所未有的新阶段，民族斗争、阶级斗争和劳动生产成为文艺作品中压倒一切的主题，人民大众在作品中如在社会中一样取得了真正主人公的地位。

依据"人民大众的反帝反封建的文化"的发展方向，中国共产党对抗日根据地的文艺界知识分子进行教育，毛泽东与萧军的交往反映了抗日根据地文艺运动朝何方向发展的问题。两人各自所主张制定的文艺政策是根本不同的。萧军追求"为艺术而艺术"，希望改变毛泽东、改变中国共产党。毛泽东希望帮助萧军

结　语

克服非无产阶级思想，学习马克思主义以改造自己的世界观、融入到工农兵中为工农兵写作。萧军一方面希望中国共产党尊重作家的自由和独立，一方面以杂文"暴露黑暗"并批评他眼中的"延安文艺现象"，要求毛泽东制定"文艺政策"，将这两方面规定下来。这种现象使毛泽东认为必须在大量吸收知识分子政策基础上制定进一步的文艺政策，以解决文艺运动中的方向性问题，因此他要求萧军等作家帮助搜集材料。同其他作家一样，萧军也为延安文艺座谈会的召开做出了贡献。但是，他认为毛泽东在座谈会上的讲话是针对他而来的，因而同毛泽东争论。毛泽东认为，萧军属于著名、有成绩的作家，要特别注意帮助他改正其小资产阶级、资产阶级的个人主义立场，推动文艺工作朝着为工农兵服务的方向发展。

鲁迅逝世后，在陕北根据地，如何定位鲁迅精神，毛泽东和萧军分别发表过各自的见解，也曾在某些问题上出现了争论，这说明两人在如何建设新民主主义文化的问题上有不同的理解。其一，毛泽东和萧军都相信对敌战斗到底是鲁迅精神的重要内容，不同的是，萧军认为对革命阵营里的"黑暗"也要进行战斗。其

反帝反封建：新民主主义文化之发展方向

二，毛泽东认为，鲁迅"是党外的布尔什维克"；萧军则提出，中国共产党要以鲁迅精神为精神。其三，毛泽东在鲁迅提出的"民族革命战争的大众文学"基础上提出了文艺为工农兵服务的主张；萧军则认为，鲁迅强调的是文艺的"独立性"。其四，毛泽东认为，鲁迅有一个从进化论者向唯物辩证论者，由民主主义者向共产主义者转变的过程；萧军不承认鲁迅有这个"转变"，他认为鲁迅一直是发展的、革命的。这场争论属于革命阵营内部的观点之争，毛泽东主张建设人民大众的反帝反封建的文化，文艺要为工农兵服务；萧军则强调要建设抗日民族战争的文化，文艺与政治要分开。

新民主主义文化思想建设在解放战争时期的另一大显著发展，就是中国共产党在发端于五四新文化运动的新民主主义文化的基础上，继抗日战争时期提出的"民族的、科学的、大众的新民主主义文化"这一概念，进一步提出了"民族的、科学的、人民大众的新民主主义文化"的概念，并赋予了新民主主义文化新的时代内涵。

参考文献

档案：

［1］ 中共中央政策研究室：《政策汇编》，中共中央华北局1949年6月印。

［2］ 刘增杰等：《抗日战争时期延安及各抗日民主根据地文学运动资料》（上、中、下），山西人民出版社，1983年。

［3］ 中共中央文献研究室：《毛泽东书信选集》，人民出版社，1983年。

［4］ 中国人民解放军文艺史料编辑部：《中国人民解放军文艺史料选编》（抗日战争时期）第1册，解放军出版社，1988年。

[5] 中央档案馆:《中共中央文件选集》第11、12册,中共中央党校出版社,1991年。

[6] 王文彬:《中国现代报史资料汇辑》,重庆出版社,1996年。

[7] 中共中央文献研究室:《周恩来文化文选》,中央文献出版社,1998年。

[8] 中共中央文献研究室:《毛泽东文艺论集》,中央文献出版社,2002年。

[9] 中共中央文献研究室:《毛泽东年谱(一八九三—一九四九)》上、中卷,中央文献出版社,2002年。

[10] 中国人民政治协商会议延安市政协文史与学习委员会:《延安文史》第11辑《延安岁月》(下),延安现代彩色制版印务有限公司2008年印制。

著作:

[1] 张心如、草明、刘芝明等:《萧军思想批判》,大众书店,1949年。

[2] 《列宁选集》第4卷,人民出版社,1972年。

[3] 鲁迅纪念委员会:《鲁迅先生纪念集》,上海书

店出版社，1979年。
[4] 萧军：《萧军近作》，四川人民出版社，1981年。
[5] 徐懋庸：《徐懋庸回忆录》，人民文学出版社，1982年。
[6] 中国社会科学院文学研究所文艺理论室：《毛泽东文艺思想讨论会文集》，人民文学出版社，1985年。
[7] 《艾青选集》第3卷，四川文艺出版社，1986年。
[8] 艾克恩：《延安文艺运动纪盛》，文化艺术出版社，1987年。
[9] 《毛泽东选集》第2、3卷，人民出版社，1991年。
[10] 《茅盾全集》第21卷，人民文学出版社，1991年。
[11] 艾克恩：《延安文艺回忆录》，中国社会科学出版社，1992年。
[12] 王实味等：《野百合花》，花城出版社，1992年。
[13] 《毛泽东文集》第2、3卷，人民出版社，1993年。
[14] 徐新民：《在毛泽东身边》，中共中央党校出版社，1993年。
[15] 王科、徐塞：《萧军评传》，重庆出版社，1993年。
[16] 胡乔木：《胡乔木回忆毛泽东》，人民出版社，

1994年。

[17] 王钦韶、宁静:《中国现代名人掌故1911—1965》(下),河南人民出版社,1994年。

[18] 欧阳山尊:《落叶集》,红旗出版社,1995年。

[19] 李捷、于俊道:《东方巨人毛泽东》第2卷,解放军出版社,1997年。

[20] 王增如、李燕平:《丁玲自叙》,团结出版社,1998年。

[21] 程光炜:《艾青传》,十月文艺出版社,1999年。

[22] 《叶子龙回忆录》,中央文献出版社,2000年。

[23] 《何其芳全集》第7卷,河北人民出版社,2000年。

[24] 孙郁、张梦阳:《吃人与礼教——论鲁迅(一)》,河北教育出版社,2000年。

[25] 张毓茂:《跋涉者——萧军》,辽宁人民出版社,2000年。

[26] 王海平、张军锋:《回想延安·1942》,江苏文艺出版社,2002年。

[27] 〔苏〕彼得·弗拉季米洛夫:《延安日记》,东方出版社,2003年。

[28] 《新文学史料》编辑部:《我亲历的文坛往事》,人民文学出版社,2004年。

[29] 邓力群:《毛泽东人际关系》(下册),中央民族大学出版社,2004年。

[30] 王德芬:《我和萧军风雨50年》,中国工人出版社,2004年。

[31] 《鲁迅文集》第7卷,人民文学出版社,2005年。

[32] 《人与人间——萧军回忆录》,中国文联出版社,2006年。

[33] 辛文斌:《〈新民主主义论〉与中国文化现代化》,中央编译出版社,2007年。

[34] 《萧军全集》第11、16、18卷,华夏出版社,2008年。

[35] 《新文学史料》编辑部:《历史风涛中的文人们》,人民文学出版社,2009年。

[36] 叶锦:《艾青年谱长编》,人民文学出版社,2010年。

[37] 萧军:《鲁迅给萧军萧红信简注释录》,金城出版社、西苑出版社,2011年。

[38] 《鲁迅全集》第5卷,北京日报出版社,2014年。

期刊资料、论文：

[1] 《中国共产党中央委员会中华苏维埃人民共和国中央政府为追悼鲁迅先生告全国同胞和全世界人士书》，《斗争》1936年11月10日第116期。

[2] 胡乔木：《评〈八月的乡村〉》，《时事新报》1936年第23期。

[3] 光未然：《文艺的民族形式问题》，重庆《文学月报》1940年5月15日第1卷第5期。

[4] 茅盾：《抗战期间中国文艺运动的发展》，《中苏文化》1941年4月20日第8卷第3、4合期。

[5] 刘白羽：《新的艺术，新的群众》，《群众》（重庆版）1944年9月30日第9卷第18期。

[6] 茅盾：《五十年代是"人民的世纪"》，《新世纪》（广州）1946年1月25日第1卷第1期。

[7] 郭沫若：歌剧《白毛女》序，《文萃》周刊1947年2月第2卷第21期。

[8] 邵荃麟：《对当前文艺运动的意见——检讨、批判，和今后的方向》，《大众文艺丛刊》1948年

第1辑。

[9] 茅盾:《关于目前文艺写作的几个问题》,北平1949年5月《进步青年》创刊号。

[10] 周扬:《坚决贯彻毛泽东文艺路线——在中央文学研究所的讲话》,《文艺报》1951年第4卷第5期。

[11] 李又然:《毛主席——回忆录之一》,《新文学史料》1982年第2期。

[12] 王德芬:《萧军在延安》,《新文学史料》1987年第4期。

[13] 温济泽:《再谈王实味冤案》,《炎黄春秋》1993年第6期。

[14] 袁荻涌:《毛泽东论鲁迅》,《文史杂志》1996年第5期。

[15] 草明:《忆延安》,《文艺理论与批评》1998年第3期。

[16] 赵剑英:《从新民主主义文化到有中国特色社会主义文化——中国共产党对中华文化的继承和创新》,《哲学研究》2001年第10期。

[17] 蓝棣之:《毛泽东心中的鲁迅》,《南方文坛》

2001年第2期。

[18] 沙健孙:《毛泽东论新民主主义文化》,《北京大学学报》2002年第5期。

[19] 刘白羽:《延安文艺座谈会的前前后后》,《人民论坛》2002年第5期。

[20] 王桧林:《关于抗日战争史及抗日战争史研究的几个问题》,《史学理论与史学史学刊》2004—2005年卷,社会科学文献出版社,2005年。

[21] 朱正:《鲁迅的一世纪》,《炎黄春秋》2007年第9期。

[22] 刘忠:《精神界的流浪汉——延安时期的萧军》,《中国现代文学研究丛刊》2007年第6期。

[23] 田刚:《毛泽东与鲁迅:"文艺与政治的歧途"》,《文史哲》2012年第2期。

[24] 何方:《萧军在延安》,《炎黄春秋》2015年第1期。

[25] 陈益南:《〈延安日记〉里的萧军与毛泽东》,2014年4月17日《南方周末·往事》栏。

参考文献

报纸：

［1］ 羽嘉：《成功在什么地方——评〈李有才板话〉的演出》，1947年5月4日《人民日报》。

［2］ 新华社社论《五四运动二十八周年》，1947年5月5日《人民日报》。

［3］《周扬同志在文代大会报告解放区文艺运动》，1949年7月6日《人民日报》。

［4］《中华全国文艺界抗敌协会发起旨趣》，1938年3月27日《新华日报》。

［5］ "关于民族形式问题座谈会"发言记录，1940年7月4日《新华日报》。

［6］ 潘梓年：《民族形式与大众化》，1940年7月22日《新华日报》。

［7］ 社论《纪念五四整顿我们的文风——论文化与大众的结合》，1942年5月4日《新华日报》（华北版）。

［8］ 黄磷：《谈中国作风与中国气派》，1943年6月5日《新华日报》。

[9] 万里之:《"民族化"新文化的创造》,1943年10月30日《新华日报》。

[10] 社论《文化建设的先决问题》,1943年11月11日《新华日报》。

[11] 社论《中国文艺工作者的路程》,1945年6月24日《新华日报》。

[12] 何其芳:《〈清明前后〉的现实意义》,1945年10月12日《新华日报》。

[13] 何其芳:《关于现实主义》,1946年2月13日《新华日报》。

[14] 社论《欢迎科学艺术人才》,1941年6月10日《解放日报》。

[15] 陆定一:《文化下乡》,1943年2月10日《解放日报》。

[16] 沙可夫:《目前边区文艺工作者努力的方向》,1941年4月29日《晋察冀日报》。

[17] 《成仿吾同志在北岳区党的文艺工作者会议上的发言》,1943年5月21日《晋察冀日报》。

[18] 周介:《萧军在东北做了些什么?》,1949年1月16日《华商报》。

[19] 檀弓:《论萧军的个人主义和市侩文学》,1949年3月12日《华商报》。

[20] 茅盾:《反帝,反封建,大众化——为"五四"文艺节作》(1948年5月),1948年5月4日香港《时代日报》。